Animales del mundo - II

MURCIÉLAGO
23

HIPOPÓTAMO
22

GAVILÁN
1

MOCHUELO
3

BÚHO
2

LECHUZA
4

BUITRE COMÚN
5

CERNÍCALO
6

AZOR
9

ÁGUILA DE
CABEZA
BLANCA

CÓNDOR
11

ÁGUILA
REAL
8

HALCÓN
COMÚN
10

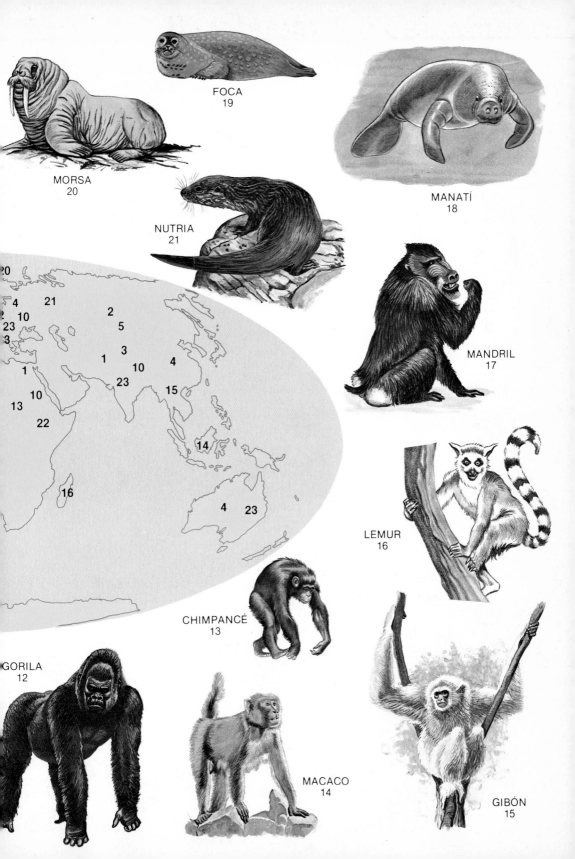

FOCA
19

MORSA
20

MANATÍ
18

NUTRIA
21

MANDRIL
17

20
4   21
10
23
3
          2
          5
          3
1   3
     10   4
23
1   15
10
13
22
              14

16

          4   23

LEMUR
16

CHIMPANCÉ
13

GORILA
12

MACACO
14

GIBÓN
15

**DICCIONARIO ENCICLOPÉDICO
ENSEÑANZA GENERAL BÁSICA, Tomo n.º 4**

Autor: Equipo Multilibro
Dirección artístico-técnica: José M.ª Parramón Homs

© Multilibro, S.A.
Lepanto, 264
08013 Barcelona
Todos los derechos reservados.

© para esta edición
Parramón Ediciones, S.A.
Lepanto, 264
08013-Barcelona

Depósito Legal: B-21.079-89

Impreso en España por Sirven Gràfic, S.A.

**ENCYCLOPAEDIA BRITANNICA EDUCATIONAL CORPORATION
ISBN: 0-8347-5189-5**

Diccionario 4
Enciclopédico
ENSEÑANZA GENERAL BASICA

come - desp

Exclusive Distributor

⊞Britannica

ENCYCLOPAEDIA BRITANNICA EDUCATIONAL CORPORATION

310 South Michigan Avenue, Chicago, Illinois 60604

comensalismo *(Ecol.)* Forma de vida de las especies comensales.

comentar *(Léx.)* Dar una opinión escrita o hablada sobre una obra, película, dibujo, trabajo, etc.

comenzar *(Léx.)* Iniciar una cosa; dar el primer paso para empezar algo.

comer *(Léx.)* Acción de tomar un alimento, masticarlo y pasarlo al estómago // *(Dep.)* En el ajedrez y las damas, suprimir una pieza del contrario. // *(Gram.)* En la conversación o el escrito decir o poner letras o palabras de menos.

comercio *(Léx.)* Conjunto de compras y ventas entre diferentes personas, pueblos y países. // *(Léx.)* Tienda o grupo de tiendas dedicadas al comercio.

cometa *(Astron.)* Astro perteneciente al Sistema Solar, de núcleo difuso y una cola más o menos brillante según su distancia y posición respecto al sol. // *(Léx.)* Juguete hecho de dos piezas de caña u otro material puestas en cruz para sostener una superficie de papel o tela, que se hace volar por medio de una cuerda que puede alargarse.

La cola de un cometa está siempre en dirección opuesta al Sol y se hace más brillante a medida que se aproxima a éste, apagándose luego al alejarse.

COMETA

cometer *(Léx.)* Acción de hacer alguna cosa que está penada por la ley o las autoridades. // *(Léx.)* Cualquier error o culpa en un acto. *P. ej. "Acaba de cometer un error en esta suma."*

comezón *(Léx.)* Picor que se siente en parte del cuerpo o en todo él. // *(Léx.)* Intranquilidad, ansia de alguna cosa.

cómico *(Lit.)* Actor, intérprete que representa algún personaje de la comedia. // *(Léx.)* Por extensión, el que hace reír; gracioso.

comida *(Léx.)* Alimento que nutre y da energía al organismo. // *(Léx.)* Habitualmente se refiere al ágape de una hora concreta del día, especialmente al mediodía.

comidilla *(Léx.)* Murmuración y comentarios que se hacen acerca de algún tema o de alguna persona.

comilla *(Gram.)* Signo ortográfico ('') que se pone al principio y al final de frases o en ciertas palabras o expresiones para destacarlas de las demás, por ser inusuales.

comino *(Bot.)* Hierba de tallo ramoso y hoja de pequeños filamentos, flores pequeñas, rojizas, y fruto aromático y sabor acre. Se usa en medicina y para condimentar la comida.

comisaría *(Léx.)* Oficina donde trabaja el comisario que es el encargado de hacer respetar las normas o leyes de las autoridades ya sean deportivas, políticas, etc.

comisión *(Léx.)* Porcentaje por una venta realizada. // *(Léx.)* Conjunto de personas que están encargadas de un asunto para llevarlo a cabo. *P. ej., la comisión de Derechos Humanos, que se encarga de velar para que sean respetados.*

comisura *(Anat.)* Punto de unión de los bordes de ciertas partes del cuerpo. *P. ej., la comisura de los labios.*

comité *(Léx.)* Conjunto de personas que representan a un grupo mayor o a una colectividad y que se encarga de determinadas funciones. *P. ej., el comité olímpico.*

Commonwealth of Nations *(Geog.)* Asociación política de cuarenta y cinco naciones, antiguas posesiones del Imperio Británico y el Reino Unido, que nació en el año 1921.

En la actualidad la Commonwealth la forman los siguientes países: Canadá, Australia, Nueva Zelanda, India, Ceilán o Sri Lanka, Ghana, Malasia, Chipre, Nigeria, Sierra Leone, Uganda, Saniva, Jamaica, Trinidad, Tobago, Kennya, Tanzania, Malawi, Zambra, Malta, Maldivas, Gambia, Singapur, Barbados, Botswana, Guayna, Lesotho, Mauricio, Swazilandia, Nauru, Tonge, Fidji, Bahamas, Granada, Nueva Guinea, Papúa, Seychelles, Islas Salomon, Tuvalu, Nuevas Hébridas, Zimbabwe, Antigua, Benbuda, Bélice, Brunei y Bangla Desh.

como *(Leng.)* Adverbio de modo; indica igualdad, semejanza. *P. ej. "Me gusta como lo has hecho".* // *(Leng.)* Con tilde (cómo), es adverbio interrogativo. *P. ej. ¿Cómo se juega?* // *(Geog.)* **Como,** lago de Italia en la región de los Alpes, en la Lombardía, con una extensión de 146 km².

cómoda *(Léx.)* Mueble de madera con varios cajones para guardar ropa.

COMODA

comodidad *(Léx.)* Bienestar del que vive a gusto y con descanso.

comodín *(Léx.)* Carta que, en algunos juegos, toma el valor que quiere darle quien la posee, según le interese para su jugada.

BARAJA FRANCESA   COMODIN

Comores, islas *(Geog.)* Archipiélago situado en el océano Índico, al NO de Madagascar, con una extensión de 1.797 km² y cerca de 260.000 hab. Su capital es Moroni.

Las islas Comores son de origen volcánico. Su clima es cálido y sus habitantes se dedican exhaustivamente a la agricultura. Fueron descubiertas por los portugueses y desde el s. XIX son de dominio francés.

compacto *(Léx.)* Textura propia de todos los cuerpos sólidos y macizos, poco porosos.

compadecer *(Léx.)* Sentir compasión de alguien; dolerse de la desgracia de los demás.

compadre *(Léx.)* El padrino de un niño respecto a los padres del mismo.

compaginar *(Léx.)* Arreglar u ordenar cosas que guardan relación entre ellas. *P. ej., las páginas de un libro.* // *(Léx.)* Hacer que se avengan cosas distintas. *P. ej. "Juan sabe **compaginar** el estudio con el juego."*

compañero *(Léx.)* Persona que realiza la misma actividad o comparte con alguien el mismo afecto. *P. ej., los alumnos de una clase son **compañeros.***

compañía *(Léx.)* Persona que acompaña a otra para que no esté sola. // *(Léx.)* Conjunto de personas que se unen para conseguir un fin común, sobre todo artístico, comercial o industrial. *P. ej., una **compañía** teatral, la **Compañía** Telefónica Nacional, etc.* // *(Léx.)* En el ejército, unidad táctica al mando de un capitán.

comparación *(Léx.)* Calibrar la calidad de algo en relación a otra cosa semejante. // *(Leng.)* En los adjetivos, se dan tres grados de comparación: positivo, comparativo y superlativo. El grado positivo es el adjetivo sin más. *P. ej., es una casa* **grande**. El comparativo es cuando se establece una comparación en relación a otro de la misma especie. *P. ej., esta casa es* **más grande** *que la otra*. El superlativo es cuando el adjetivo alcanza su mayor nivel expresivo. *P. ej., es una casa* **grandísima**.

comparsa *(Lit.)* En el teatro, son todas aquellas personas que salen al escenario pero que no dicen nada. // *(Léx.)* En los carnavales y fiestas populares, grupo de personas que se visten de acuerdo con un mismo tema.

compartir *(Léx.)* Repartir mediante una división en partes iguales o proporcionales con otra u otras personas. // *(Léx.)* Usar una cosa en común. *P. ej., en un viaje* **compartir** *el mismo vagón de tren*.

compás *(Léx.)* En el dibujo, instrumento compuesto de dos varillas unidas por una articulación, con las que se puede trazar circunferencias, arcos, tomar medidas, etc. // *(Léx.)* En navegación, brújula. // *(Mús.)* Cada uno de los períodos de tiempo que marcan los ritmos musicales. En el pentagrama los límites de cada compás se indican con dos rayas verticales.

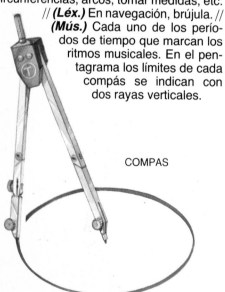

COMPAS

compasión *(Léx.)* Tener un sentimiento de lástima hacia otra persona por la desgracia o el mal que padece.

compatible *(Léx.)* Dícese de lo que puede hacerse conjuntamente con otra cosa o que puede unirse a ella en un mismo lugar y tiempo. *P. ej. "La educación y el juego son* **compatibles**; *se puede aprender jugando."*

compatriota *(Léx.)* Persona que tiene la misma nacionalidad que otra. *P. ej. Todos los gallegos son* **compatriotas**.

compeler *(Léx.)* Impulsar a alguien a que haga lo que no quiere hacer, por la fuerza o por autoridad.

compendio *(Léx.)* Resumen de un tema o materia, en sus partes más importantes.

compenetrarse *(Léx.)* Penetrar las partículas de una sustancia entre las de otra. // *(Léx.)* Identificarse y entenderse dos o más personas en una misma idea o sentimiento. *P. ej. "Eran dos amigos muy* **compenetrados."**

compensación *(Léx.)* Equilibrar una cosa mediante otra. *P. ej. "Realizó un gran esfuerzo, pero, en* **compensación**, *consiguió dos sobresalientes, en sus exámenes de final de carrera."*

competencia *(Léx.)* Pugna o lucha de personas, entidades o firmas comerciales para presentar ante los demás el mejor producto. *P. ej., las casas de coches se hacen la* **competencia** *para vender más vehículos*. // *(Léx.)* Aptitudes y atributos que tiene un organismo público para llevar a cabo sus funciones. *P. ej., la defensa nacional es* **competencia** *del Estado*.

competir *(Léx.)* Acción de mantener una lucha para ser el mejor, el primero. // *(Dep.)* Acción de llevar a cabo un encuentro deportivo.

compilar *(Léx.)* Reunir en una obra o libro documentación dispersa relativa a un tema determinado. *P. ej.,* **compilar** *un cancionero navideño iberoamericano*. // *(Léx.)* En el lenguaje informático, traducir a lenguaje máquina un programa en lenguaje simbólico.

complacencia *(Léx.)* Alegría y gusto que se siente por una cosa o por un acontecimiento que nos afecta o que nos sorprende.

complejo *(Léx.)* Aquello que está formado por diversos elementos. *P. ej., un avión tiene un mecanismo **complejo**. // (Léx.)* Vergüenza o malestar que se siente por algo. *P. ej., tener **complejo** de feo.*

complemento *(Léx.)* Todo lo que se debe añadir a una cosa para que sea completo. *// (Leng.)* Palabra o grupo de palabras que se requieren en una oración para darle sentido pleno.

completar *(Léx.)* Acabar algo; hacer que algo sea íntegro o perfecto. *P. ej. "Le bastaron cuatro pinceladas para **completar** el cuadro. // (Léx.)* Llenar por entero. *P. ej. "Nos faltan dos cromos para **completar** el álbum.*

complexión *(Léx.)* Estructura, aspecto dado por la constitución física de una persona o un animal. *P. ej., es de **complexión** fuerte y sana.*

complicación *(Léx.)* Afluencia de cosas diversas que obstaculizan la solución, la comprensión o el desarrollo normal de otra.

cómplice *(Léx.)* Que actúa de acuerdo con otra persona en determinados actos penados por la ley.

complot *(Léx.)* Plan o conjunto de estrategias secretas que se llevan a cabo contra alguna persona o contra la estructura política de un país.

componenda *(Léx.)* Arreglo entre dos o más personas de forma poco clara y sin escrúpulos.

componer *(Léx.)* Formar una totalidad a partir de sus partes. *P. ej. "Por falta de piezas no pudimos **componer** todo el motor." // (Léx.)* Arreglar algo que estaba estropeado. *// (Mús.)* Escribir obras musicales.

composición *(Léx.)* Acción y efecto de componer. *// (Léx.)* Obra de carácter científico, literario o musical. *// (Léx.)* Ejercicio de carácter escolar o académico que consiste en realizar una redacción sobre un tema determinado. *P. ej. "El profesor ha propuesto una **composición** sobre los problemas sociales".*

compositor *(Mús.)* Músico que se dedica a la composición de piezas musicales.
El músico que más obras ha compuesto ha sido, sin duda, Georg Philipp Telemann (1681-1767), uno de los más grandes maestros de la música barroca, que compuso 40 óperas, 600 suites orquestales, 44 "Pasiones" y un gran número de obras diversas de música de cámara.

compota *(Léx.)* Fruta hervida con agua y azúcar.

comprar *(Léx.)* Acción de obtener algo mediante el pago de una cantidad de dinero.

compra *(Léx.)* Conjunto de cosas adquiridas.

comprensión *(Léx.)* Acto de entender los sentimientos o hechos de una persona. *// (Léx.)* Capacidad para interpretar correctamente un hecho o cosa.

comprimido *(Léx.)* Pastilla que contiene una dosis concreta de medicamento.

comprobar *(Léx.)* Acción de confirmar si una cosa es cierta o no, por el procedimiento de demostración o de prueba.

comprometer *(Léx.)* Poner en riesgo o peligro a alguien. *// (Léx.)* Hacer o hacerse responsable de una obligación. *// (Léx.)* Poner en juicio de una tercera persona la resolución de un pleito, deuda, etc., de dos partes.

compuerta *(Léx.)* Plancha fuerte corredera que se pone en los canales, diques, o presas para graduar o cortar el paso del agua.

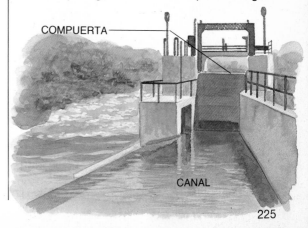

COMPUERTA

CANAL

BANDERA Y
SEDE CENTRAL DE LA C.E.E.
EN BRUSELAS

compuesto *(Léx.)* Que está formado por diversos elementos. *P. ej., una palabra* **compuesta:** *balonpié.* // *(Leng.)* Tiempo del verbo que se forma con los auxiliares haber, tener y su participio pasado. *P. ej., hemos comido.*

computar *(Léx.)* Contar o calcular con números una cosa a partir de datos obtenidos.

común *(Léx.)* Que no tiene un solo dueño o propietario sino que es patrimonio de dos o más a la vez. // *(Léx.)* Ordinario, corriente, vulgar. // *(Leng.)* Se aplica para indicar todos los nombres de seres y cosas de la misma especie. *P. ej. "La palabra mesa es un nombre* **común."**

MEDIOS
DE COMUNICACIÓN

comunicación *(Léx.)* Acto por el cual se pone en conocimiento de otros alguna noticia, hecho, sentimiento, opinión o posesión. // *(Soc.)* **comunicación, medios de.** Técnicas de difusión muy varias por medio de escritos, el sonido y la imagen: prensa, radio, cine, televisión.

comunidad *(Léx.)* Que pertenece a dos o más individuos y es de uso común. // *(Léx.)* Grupo de personas que mantienen los mismos intereses ya sean científicos, culturales, económicos o religiosos. *P. ej., hablamos de una* **comunidad** *parroquial, de una* **comunidad** *de vecinos, etc.*

Comunidad Económica Europea *(Soc.)* Organización de estados europeos; nacida por el tratado de Roma (25-3-1957), con la finalidad de crear un mercado único entre los estados miembros, eliminando las aduanas y unificando las políticas económicas de los diversos países. La C.E.E. está formada, actualmente, por los siguientes estados: Francia, República Federal de Alemania, Italia, Inglaterra, Dinamarca, Holanda, Bélgica, Grecia, España y Portugal.

comunión *(Léx.)* Participación en lo que es común a varias personas. // *(Léx.)* Personas que profesan la misma fe. // *(Soc.)* En la Iglesia Católica, momento en que se recibe el sacramento de la Eucaristía.

comunismo *(Soc.)* Ideología que propugna la desaparición de la propiedad privada y la administración de todos los bienes por el Estado para ser consumidos y aprovechados por todas las personas según las necesidades de cada uno.

En la actualidad el comunismo es la doctrina política en la que se basa el Partido Comunista Ruso, el único existente en la URSS y que se inspira en el socialismo marxista que crearon Karl Marx y Friedrich Engels en el s. XIX.

KARL MARX

con *(Leng.)* Preposición que indica el medio, el modo o el instrumento para hacer algo. *P. ej. Comemos la sopa **con** la cuchara //* *(Léx.)* En compañía, conjuntamente. *P. ej. "Paseábamos **con** Ana y **con** Andrés."*

conato *(Léx.)* Acción que tiene un inicio pero que no acaba por desarrollarse por completo. *P. ej. Un **conato** de incendio.*

concavidad *(Léx.)* Oquedad, Todo lo que presenta un espacio hueco.

concebir *(Léx.)* Acción por la que la mujer o la hembra de un animal es fecundada. // *(Léx.)* Formarse una idea de las cosas, comprenderlas. *P. ej. "No puedo **concebir** tanta inteligencia".*

conceder *(Léx.)* Dar, entregar una cosa o proporcionar algo. *P. ej., **conceder** la palabra al abogado.*

concejal *(Léx.)* Persona que forma parte de un concejo.

concejo *(Léx.)* Grupo de personas que se reúnen para solucionar o tratar asuntos de interés para una vecindad o distrito. // *(Léx.)* Nombre que también se da al Ayuntamiento, municipio o Corporación municipal.

El concejo de la Mesta era una junta anual en la que se reunían los pastores y dueños de ganado de Castilla para tratar asuntos relativos a sus ganados. La más escrupulosa honradez era la norma del Concejo de la Mesta, hasta el punto que sus miembros recibían el apelativo de Honrados.

concentración *(Léx.)* Acción de juntar, reunir en un centro o punto. *(Hist.)* **campo de concentración.** Cercado donde se reúnen y vigila a los prisioneros de guerra.

concéntrico *(Mat.)* Figuras o cuerpos que tienen el mismo centro.

CIRCULOS CONCENTRICOS

concepto *(Léx.)* Idea general de un objeto o juicio. // *(Léx.)* Opinión que se tiene de una persona o cosa. *P. ej. "El director se formó un buen **concepto** del nuevo alumno".*

concertar *(Léx.)* Lograr un pacto o acuerdo. *P. ej., **concertar** una entrevista.*

concesión *(Léx.)* Acción de dar, proporcionar o conceder.

conciencia *(Léx.)* Conocimiento que tiene el ser humano de sí mismo y de lo que le rodea. // *(Soc.)* Tener conocimiento inmediato del bien y del mal. *P. ej. "Después de haberlo hecho le remordía la **conciencia".***

CONCIERTO (CUARTETO DE CUERDA)

concierto *(Mús.)* Interpretación pública de obras musicales.

El 17 de junio de 1872 ha pasado a la historia como la fecha en la que se celebró el concierto con mayor número de participantes de todos los tiempos. Tuvo lugar en Boston y fue dirigido por Johan Strauss "el Joven" con motivo del "Jubileo Mundial de la Paz". La orquesta se componía de 987 profesores y en él tomó parte un coro formado por 20.000 personas.

conciliábulo *(Léx.)* Reunión que mantienen algunas personas para tratar algún asunto, generalmente fuera de la legalidad.

conciliación *(Lex.)* Acto por el que se llega a un acuerdo favorable para todos.

concilio *(Soc.)* Reunión de obispos de la Iglesia y otras personas invitadas para estudiar, discutir y tomar decisiones sobre temas de doctrina, moral o de disciplina eclesial. La evolución de la Iglesia Católica puede seguirse a través de sus Concilios. El primero fue el de Nicea (325) y el último el Vaticano II (1962) que intentó adecuar la doctrina católica a los tiempos actuales.
Es interesante saber que la tarea del primer Concilio consistió en la fórmula que hoy se conoce como Credo y que es el enunciado de las verdades fundamentales que la Iglesia Católica tiene como dogmas de fe, o sea, aquello que sus fieles deben creer.

concisión *(Léx.)* Brevedad y precisión en dar a conocer los conceptos.

cónclave *(Soc.)* Reunión de cardenales que se juntan en una habitación cerrada para tratar sobre la elección de un nuevo papa.
La costumbre de que la elección de un nuevo papa se haga en cónclave, o sea, en un recinto cerrado con llave y del que los cardenales no pueden salir sin haberlo elegido, se remonta al año 1274. En vista de que, después de más de dos años de discusiones, los 18 cardenales no se ponían de acuerdo, San Buenaventura propuso que fueran encerrados con llave. A pesar de ello, no conseguían entenderse, y fue necesario desmontar el techo de la sala de reuniones para que las inclemencias del tiempo forzasen una decisión. ¡Qué cosas tiene la historia!

concluir *(Léx.)* Dar por terminado un trabajo.

conclusión *(Léx.)* Aquello a que se llega después de un razonamiento. // *(Léx.)* Fin de una cosa.

concomitar *(Léx.)* Suceder al mismo tiempo o acompañando una cosa a otra.

concordancia *(Leng.)* Relación de palabras que varían según los accidentes gramaticales. *P. ej., el adjetivo concuerda con el nombre en género y número.* // *(Léx.)* Que mantiene una correspondencia de conformidad de una cosa con otra.

concordia *(Léx.)* Acto de unión y acuerdo entre dos o más personas.

concreción *(Léx.)* Acumulación de partículas que se unen y forman un cuerpo sólido. // *(Fisiol.)* Cálculo biliar.

concurrir *(Léx.)* Juntarse o reunir en un mismo lugar y en un tiempo concreto diferentes personas, cosas o sucesos. *P. ej., a los Juegos Olímpicos concurren varios países y deportes.*

concurso *(Léx.)* Acto por el que se ponen de manifiesto las aptitudes de diversas personas para escoger de entre todas, la mejor.

CONCHAS DE MULUSCOS

CONCHA DE PEREGRINO

PORCELANA DE TIGRE

concha *(Nat.)* Envoltura o caparazón calizo que cubre el cuerpo de numerosos moluscos y otros animales invertebrados. // *(Léx.)* En el teatro, pieza de madera que se coloca delante y en el centro del escenario donde se esconde el apuntador.

conde *(Soc.)* Título nobiliario que, en la época feudal, era dueño de una comarca. En el escalafón es inferior al marqués y superior al vizconde.

condecoración *(Léx.)* Distintivo o galardón, generalmente en forma de medallas, que se concede a una persona o, en casos especiales, a un grupo o colectivo, en consideración a los servicios prestados o a un motivo muy singular.

CONDECORACION

condensador *(Fís.)* En electricidad, aparato formado por dos placas metálicas (llamadas armaduras) paralelas y muy próximas entre sí, separadas por un material aislante llamado dieléctrico. Cuando las armaduras se conectan a los bornes de una fuente de corriente continua, adquieren una gran carga eléctrica en poco espacio.

condena *(Léx.)* Castigo que proviene de una sentencia que dicta un juez por alguna acción que está penada por la ley.

condensar *(Fís.)* Pasar un gas a estado líquido. // *(Léx.)* Reducir un escrito o texto a su parte más significativa.

condescendiente *(Léx.)* El que es amable con el deseo o la opinión de otro.

condestable *(Léx.)* Persona que, en la milicia, ejercía como primera autoridad y en nombre del rey.

condición *(Léx.)* Modo de ser, naturaleza de una persona, animal o cosa. // *(Léx.)* Circunstancia que ha de darse para que suceda algo determinado. *P. ej. "La higiene es **condición** indispensable para la salud".*

condicional *(Léx.)* Que necesita de otra cosa para que se lleve a cabo. // *(Leng.)* Oración o frase que expresa la condición necesaria para que se cumpla lo que indica la oración principal. *P. ej. "Me pondría el impermeable, si lloviera."*

condimento *(Léx.)* Sustancia que se añade a las comidas para que tengan mejor sabor.

condolencia *(Léx.)* Sentimiento de lástima por el dolor o desgracia de otro.

cóndor *(Zoo.)* Ave rapaz de gran tamaño, de plumaje negro (excepto la cabeza que es blanca y el cuello que es rojo), que vive en la cordillera de los Andes.

El cóndor andino es uno de los animales que vive más años; frecuentemente alcanza, e incluso sobrepasa, los 70 años.

CONDOR

conducir *(Léx.)* Guiar y llevar personas, animales y cosas de un sitio a otro o hacia un fin determinado. // *(Léx.)* Conjunto de acciones necesarias para guiar un vehículo automóvil.

conducta *(Léx.)* Manera o forma de comportarse las personas o animales.

conductibilidad *(Fís.)* Propiedad por la cual algunos cuerpos transmiten el calor y la electricidad.

conducto *(Léx.)* Canal, cauce o tubo por donde transcurre un líquido o un gas.

conectar *(Léx.)* Poner una pieza u objeto en contacto con otro. // *(Fís.)* Posibilitar una corriente eléctrica entre dos puntos por medio de un elemento conductor.

conejo *(Zoo.)* Mamífero roedor que vive de modo salvaje y también doméstico. Tiene las orejas grandes, las patas posteriores más largas que las delanteras, la cola corta y el pelo espeso.

Que las conejas tienen muchas crías, es cosa sabida. Lo que no es tan conocido es que preparan para su numerosa prole, un lecho blando y cálido con pelos que ella misma se arranca de su vientre.

CONEJO

conexión *(Léx.)* Unión de personas y cosas. // *(Fís.)* Unión entre dos conductores eléctricos o entre un conductor y un borne, de modo que sea posible el paso por ella de una corriente.

confabular *(Léx.)* Tratar de ponerse de acuerdo al planear una acción contra una tercera persona.

confección *(Léx.)* Fabricación en serie de prendas de vestir, según las medidas correspondientes a las distintas tallas.

confederación *(Soc.)* Unión de estados o países que se unen para mantener tratados de cooperación y ayuda, en los aspectos económicos, políticos y sociales.

conferencia *(Léx.)* Reunión de varias personas para que una explique o exponga oralmente algún asunto sobre ciencia, política, cultura, etc. // *(Léx.)* Comunicación por teléfono de una ciudad a otra.

confiar *(Léx.)* Tener seguridad en alguna persona o cosa.

confitura *(Léx.)* Sustancia que se obtiene a partir de azúcar refinado y frutas frescas.

conflicto *(Léx.)* Situación que se presenta y que provoca tensiones y dificultades en el ánimo de una persona o enfrentamientos entre varias. *P. ej., cuando los obreros de una fábrica luchan por sus reivindicaciones, se habla de un **conflicto** laboral.*

confluencia *(Léx.)* Lugar donde se reúnen las aguas de dos ríos o donde se encuentran dos caminos y, en general, donde se unen varios conductos.

conforme *(Léx.)* Expresión de asentimiento o aceptación que se pone al pie de un escrito. // **Ser conforme** *(Léx.)* Estar de acuerdo con lo que se toma como modelo o punto de referencia en una comparación.

confusión *(Léx.)* Equivocación ocasionada al tomar una cosa por otra al estar mezcladas y no poderse distinguir.

congelación *(Fís.)* Fenómeno por el que un líquido se transforma en un sólido mediante el frío. // *(Léx.)* Resultado de detener el curso de una cosa. *P. ej., **congelar** el precio de los cereales.*

congénere *(Léx.)* Persona, animal, vegetal o cosa, respecto de otra del mismo género o especie.

congénito *(Léx.)* Aquello que se tiene desde el momento del nacimiento y que, por tanto, no se adquiere ni se aprende.

Congo *(Geog.)* Río africano, el segundo del mundo por su caudal, después del Amazonas, con 4.640 km. de longitud. Desde

1971 recibe el nombre de Zaire. Nace en la llanura de Shaba y desemboca en el océano Atlántico. // *(Geog.)* Extensa región africana de la cuenca del Zaire que estuvo ocupada por Francia (colonia del Congo Medio) y por Bélgica (Congo Belga) y que hoy se divide entre la República Popular del Congo y la República del Zaire.

congoja *(Léx.)* Angustia, fatiga y temor por alguna desgracia posible.

congreso *(Léx.)* Reunión de personas de la misma profesión o intención política, social, religiosa, etc., en la que tratan algún asunto o tema de interés común. // *(Soc.)* **Congreso de diputados.** Conjunto de políticos electos de un país reunidos para tratar sobre la nación. // *(Léx.)* Edificio donde se reúnen y celebran sus sesiones los diputados de un país.

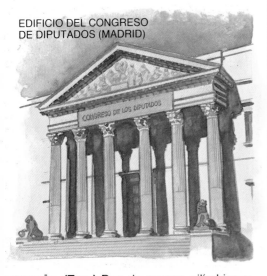

EDIFICIO DEL CONGRESO DE DIPUTADOS (MADRID)

congrio *(Zoo.)* Pez de cuerpo cilíndrico y color gris azulado oscuro, de hasta 2 metros de largo, de carne blanca comestible, que vive en las hendiduras de las rocas.

CONGRIO

cónico *(Léx.)* De forma de cono. Que pertenece a un cono o que está relacionado con él.

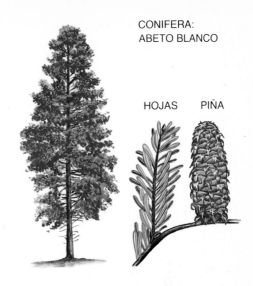

CONIFERA: ABETO BLANCO

HOJAS PIÑA

coníferas *(Bot.)* Orden de árboles resinosos, de hoja aciculada perenne y cuyos frutos, las piñas, tienen forma cónica. *P. ej., el pino, el abeto y el ciprés son árboles coníferos*.
Las coníferas contienen una sustancia de olor fuerte llamada resina, cuyo sabor amargo impide a muchos animales alimentarse de ellas. Además, si en la corteza se produce un corte o hendidura, la resina tapa la «herida» y protege así al árbol de los ataques de insectos como las hormigas o de los parásitos como los hongos.

conjugación *(Leng.)* Diferentes formas que toma el verbo para expresar la acción en diferentes modos, tiempos, números y personas.

conjunción *(Leng.)* Partícula invariable de la oración que sirve para unir dos oraciones o dos elementos. // *(Astron.)* Se dice que dos astros están en conjunción cuando se hallan situados en una misma recta trazada desde un observador situado en la tierra.

conjuntiva *(Leng.)* Frase o grupo de palabras que hacen la función de conjunción. *P. ej. A fin de que, a pesar de que.* // *(Anat.)* Membrana que cubre la cara posterior de los párpados. // *(Anat.) Tejido conjuntivo* Tejido animal que actúa de sostén o que protege determinados órganos. *P. ej., los tendones de los músculos están formados por tejido conjuntivo.*

conjunto *(Mat.)* Agrupación de objetos o elementos, en un todo al que pertenecen. *P. ej. M =* {*mesa, silla, armario*} *; el conjunto M está formado por los elementos mesa, silla, armario. Los elementos mesa, silla, armario, pertenecen al conjunto de muebles M.* // *(Léx.)* Agrupación de cosas que guardan o no una cierta afinidad.

conjurar *(Léx.)* Conspirar. Unirse o aliarse con otra persona mediante juramento para un fin determinado. *P. ej. "Se conjuraron para obtener el poder de la ciudad".*

conmemoración *(Léx.)* Ceremonia o acto festivo que se hace para recordar algún acontecimiento importante. *P. ej. "Se prepara la conmemoración del décimo aniversario de la fundación del colegio".*

conmigo *(Leng.)* Palabra compuesta de la preposición con y el nombre personal de primera persona. Quiere decir "junto a mí".

conminar *(Léx.)* Obligar a alguna persona a hacer algo amenazándola con un daño o castigo.

conmoción *(Léx.)* Perturbación violenta debida a una emoción fuerte. Choque.

conmover *(Léx.)* Hacer que alguien sienta compasión por algún hecho o persona. Emocionar. Perturbar.

conmutativa *(Mat.)* Propiedad que tienen algunas operaciones matemáticas de no alterar su resultado si cambia el orden de sus términos. *P. ej., $3 + 4 = 7$; $4 + 3 = 7$; $a \times b = c$; $b \times a = c$.*

cono *(Mat.)* Cuerpo geométrico cuya base es un círculo, y que por el otro extremo acaba en punta. // *(Geol.)* Cima o parte superior de un volcán por donde sale la lava.

CONO

conocimiento *(Léx.)* Noción de alguna cosa. Idea. // *(Léx.)* Inteligencia, entendimiento. // *(Léx.)* Sentido, conciencia. *P. ej. "Perdí el conocimiento", equivale a "me desmayé, quedé inconsciente".*

conquista *(Léx.)* Acción por la cual un ejército se apodera, por las armas, de un territorio o de un país. *P. ej. La conquista de América; la conquista del Oeste.* // *(Léx.)* Efecto de haberse ganado el amor o el aprecio de una persona. // *(Léx.)* Acción por la que se consigue alguna cosa.

consabido *(Léx.)* Conocido ya anteriormente por todos. Repetido.

consanguíneo *(Léx.)* Se llama así a la persona que tiene los mismos antepasados que otra.

consecuencia *(Léx.)* Hecho que se produce como resultado de otro. // *(Léx.)* Relación lógica entre la conducta de una persona y la fidelidad que guarda a sus propias creencias y principios.

consecutivo *(Léx.)* Que sigue o va a continuación de algo. *P. ej., El uno, el dos y el tres, son números consecutivos.* // *(Léx.)* Se denomina así a las diferentes cosas que se suceden una a la otra. *P. ej., el relámpago y el trueno son fenómenos consecutivos.*

consejo *(Léx.)* Opinión o advertencia que se da a alguna persona sobre lo que debe hacer o cómo debe actuar. // *(Léx.)* Conjunto de personas que se encargan de dirigir, guiar o aconsejar oficialmente a una autoridad u organismo. Asamblea o reunión de consejeros. *P. ej., el Consejo de ministros, el consejo de administración.*

consenso *(Léx.)* Acuerdo entre varias personas.

consentir *(Léx.)* Permitir, tolerar o autorizar una cosa. // *(Léx.)* Mimar a una persona, ser excesivamente indulgente con ella. *P. ej. "Este niño está muy consentido".*

conserje *(Léx.)* Persona cuyo oficio es cuidar o vigilar una oficina o un edificio público. Portero.

CONSERVAS
ALIMENTICIAS

conservar *(Léx.)* Guardar o proteger una cosa para que no se pierda o se estropee.

conservatorio *(Léx.)* Que sirve para conservar. // *(Soc.)* Centro o instituto de estudios musicales y de otras artes cuyo título es de carácter oficial. *P. ej., el Conservatorio superior de música de Madrid o el Conservatorio de artes suntuarias de Barcelona.*

considerar *(Léx.)* Tener en cuenta una propuesta. Juzgar, examinar. // *(Léx.)* Respetar los derechos, las conveniencias o la manera de ser de los demás.

consistorio *(Léx.)* Consejo municipal. Ayuntamiento.

consola *(Léx.)* Mesa estrecha de adorno con un segundo soporte en la parte baja, que se coloca arrimada a la pared y normalmente debajo de un espejo. Sobre ella se suelen poner jarrones, relojes, etc. // *(Léx.)* Pupitre o teclado de un ordenador.

CONSOLA

consonancia *(Leng.)* Igualdad de sonidos en la terminación de dos o más palabras, a partir del acento. // *(Mús.)* Reunión de varios sonidos que, emitidos al mismo tiempo, producen una sensación de bienestar y reposo.

consonante *(Leng.)* Letra que sólo puede pronunciarse acompañada de una vocal. Las consonantes representan los sonidos que se producen por el choque del aire con las cuerdas vocales, paladar, lengua, etc.

consorte *(Léx.)* Cónyuge. // *(Léx.)* Persona que participa con otras en la misma suerte.

conspiración *(Léx.)* Aliarse con otras personas para actuar en contra de un régimen o de una autoridad, para derribarlo o quitarle el poder. Conjuración.

constancia *(Léx.)* Virtud de continuar hasta el final de algo que se ha empezado. Perseverancia, tenacidad, paciencia.

Constantinopla *(Geog.)* Ciudad de Turquía situada en el estrecho del Bósforo. Está dividida en tres partes; dos de ellas situadas en el continente europeo y la tercera en el asiático.
El nombre de Constantinopla fue dado por el emperador romano Constantino I, a la ciudad que hizo construir sobre la antigua Bizancio. Desde la invasión turca en 1453, recibe el nombre de Estambul.

CONSTANTINO I, SEGUN UNA
MINIATURA MEDIEVAL

Constanza, lago *(Geog.)* Lago de Europa Central situado entre Suiza, Austria y Alemania. Ocupa una superficie de 540 km².

constelación *(Astron.)* Conjunto de estrellas que debido a su posición invariable, recuerdan una figura determinada de la que toman el nombre. *P. ej., "la Constelación de la Osa Mayor."*
En la constelación de Tauro hay un grupo compacto de estrellas llamado las "Pléyades" o las "Siete Hermanas" puesto que, a simple vista, se distinguen siete estrellas. No obstante, la constelación la forman unas 400 de las que unos ojos muy agudos distinguen 15. Los indios americanos las utilizaban para probar la vista de los jóvenes guerreros.

CONSTELACION DE LA OSA MAYOR

constipado *(Fisiol.)* Resfriado. Enfermedad cuyos síntomas son: mucosidad, estornudos frecuentes, malestar general, etc. Afecta a las vías respiratorias altas y es debida a un virus o a una alergia producida por el frío o la humedad.

constitución *(Soc.)* Ley fundamental de un estado que establece y garantiza los derechos y deberes básicos de los ciudadanos, regula el sistema de poder, las acciones de gobierno, y define los órganos de dicho poder, su forma y sus funciones. La primera Constitución española fue la de 1812, votada en las Cortes de Cádiz. Después han seguido las de 1837, 1876 y 1931. Actualmente rige la Constitución de 1978, promulgada durante el reinado de Juan Carlos I.

construir *(Léx.)* Hacer un edificio u otra cosa con los materiales necesarios y ordenados siguiendo un plano determinado. // *(Leng.)* Ordenar las palabras y las oraciones siguiendo unas normas lógicas, para que las personas se puedan entender con facilidad.

EDIFICIO EN CONSTRUCCION

cónsul *(Léx.)* Representante diplomático de un país en una ciudad extranjera. Tiene como misión proteger y ayudar a sus compatriotas en dicha ciudad, así como intentar mantener unas relaciones amistosas entre su país y el país extranjero donde se encuentre dicha ciudad. // *(Hist.)* Magistrado de la antigua República romana. En número de dos eran nombrados por las centurias por el período de un año.

consulta *(Léx.)* Reunión de dos o más personas para aconsejarse entre ellas la postura o la determinación a tomar ante un hecho concreto. // *(Léx.)* Reunión de médicos para diagnosticar y decidir el tratamiento oportuno para un enfermo grave. // *(Léx.)* Entrevista entre un paciente y un médico que le examina y le dicta un tratamiento a seguir para su curación o mejora. // *(Léx.)* Entrevista entre un abogado y un cliente que le expone su caso para que le ayude a solucionarlo. // *(Léx.)* Consultorio o lugar donde uno va a informarse o a consultar. *P. ej., "la consulta de un médico."*

contabilidad *(Mat.)* Ciencia que pertenece a una rama de la economía, con una serie de normas que explican cómo llevar las cuentas de una empresa.

contagiar *(Fisiol.)* Pasar o transmitir a otra persona, por contacto o trato, una enfermedad. *P. ej. "No vayas a ver a Marta; puede contagiarte la gripe".*

contaminación *(Ecol.)* Estado anormal de un medio natural, debido a las sustancias tóxicas, perjudiciales para la salud, que se encuentran en él como consecuencia directa de la sociedad industrial. Polución.

contemporáneo *(Léx.)* Que es del mismo tiempo o de la misma época que otra cosa o persona. // *(Léx.)* Del tiempo actual. // *(Hist.)* **Edad contemporánea.** Tiempo en que se divide la historia y que abarca desde la Revolución Francesa de 1789 hasta nuestros días.

contexto *(Léx.)* Argumento o estructura de una obra literaria. // *(Léx.)* Texto y contenido de éste. // *(Léx.)* Conjunto de circunstancias que rodean y explican una situación. El sentido de una frase, e incluso de una palabra, muchísimas veces depende de su contexto, o sea, de la totalidad del razonamiento o discurso del que forman parte. *P. ej. "Este adjetivo, fuera de contexto, puede ser mal interpretado."*

contienda *(Léx.)* Lucha, guerra, combate.

continental *(Geog.)* Todo aquello que tiene relación con los países de un continente. Se utiliza también para hacer la distinción entre aquellos que se encuentran dentro del mismo continente (tierra) de los que están en las islas. *P. ej., para un inglés, viajar a Francia es ir a un país continental.*

continente *(Léx.)* Objeto que contiene a otro al que llamamos contenido. *P. ej., una vasija para la leche es un continente; la leche será su contenido.* // *(Geog.)* Cada una de las grandes divisiones de la tierra que los océanos separan las unas de las otras. Es una gran extensión de tierra que se puede recorrer sin atravesar el mar. Existen seis continentes: Europa, Asia, África, América, Oceanía y Antártida. Según el geólogo A. Wegener, hace unos 200 millones de años en la Tierra existía un único continente al que llamó Pangea. A causa de diversos movimientos sísmicos, se dividió en las actuales masas continentales. Se dice que una prueba de ello es que, si uniéramos África y América, sus costas encajarían como si de un puzzle se tratara.

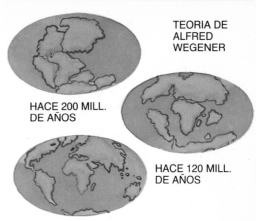

TEORIA DE ALFRED WEGENER

HACE 200 MILL. DE AÑOS

HACE 120 MILL. DE AÑOS

LOS CONTINENTES EN LA ACTUALIDAD

continua *(Léx.)* Incesante; que no para nunca o que se extiende sin ninguna interrupción. *P. ej. Un movimiento continuo; una línea continua.* // *(Fís.)* Se dice de la corriente eléctrica de intensidad constante que circula siempre en el mismo sentido.

contorno *(Léx.)* Todo aquello que rodea alguna cosa. Perfil, silueta. // *(Mat.)* Conjunto de líneas que limitan una figura geométrica.

contra *(Léx.)* Preposición que significa oposición. Cosa opuesta a otra.

contrabajo *(Mús.)* Instrumento de cuerda y arco, de forma similar a la del violín, pero mucho mayor. Su sonido es el más profundo y grave de dichos instrumentos. El instrumentista, para tocarlo, debe estar de pie y apoyar el instrumento en el suelo. // *(Mús.)* Persona que toca dicho instrumento. // *(Mús.)* Voz más grave que la del bajo. Persona que tiene esa voz.

INSTRUMENTISTA DE CONTRABAJO

contrabando *(Léx.)* Introducción en un país de mercancías y objetos prohibidos, sin pagar los impuestos o derechos de aduanas. // *(Léx.)* Dichas mercancías. *P. ej. "Han pasado tabaco de contrabando". "La autoridad acabó con todo el contrabando".*

contracción *(Léx.)* Reducción del tamaño. // *(Fisiol.)* Cuando un músculo del cuerpo disminuye de longitud y aumenta de tamaño, debido a una excitación. // *(Leng.)* Reducción de dos vocales a una sola, desapareciendo una de ellas. *P. ej. De + el = del; a + el = al.*

contrafuerte *(Arte)* Pilar que sostiene o refuerza el muro de una casa o una iglesia. // *(Léx.)* Pieza de cuero que se coloca en la parte trasera de un zapato, para reforzarlo y evitar que se desgaste fácilmente.

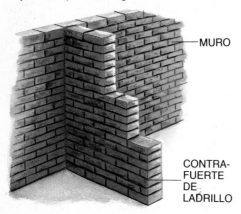

MURO

CONTRA-FUERTE DE LADRILLO

contraorden *(Léx.)* Orden totalmente opuesta o contraria a otra que se ha dado anteriormente.

contrapeso *(Léx.)* Peso que sirve para contrarrestar o equilibrar otro. *P. ej. El contrapeso de un ascensor.* // *(Léx.)* Balancín que utilizan los acróbatas para realizar sus ejercicios.

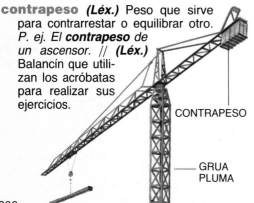

CONTRAPESO

GRUA PLUMA

contrapunto *(Mús.)* Composición musical escrita para varias voces independientes entre sí, pero que suenan agradablemente, al ser interpretadas todas al mismo tiempo.

contrario *(Léx.)* Persona, cosa o hecho que se opone totalmente a otro de su mismo género o que es completamente diferente. *P. ej. "Juan es muy alto; Luís es todo lo contrario, o sea, muy bajo."* // *(Léx.)* Enemigo, adversario.

Contrarreforma *(Hist.)* Movimiento reformador católico del siglo XVI, que se produjo después de la Reforma protestante, y que se proponía luchar contra ella para volver a instaurar el dogma y la tradición católicos en los países que se habían separado de Roma. Se utilizaron para ello todos los medios políticos, teológicos, espirituales e incluso de coacción; la Inquisición, p. ej.

contrato *(Léx.)* Acuerdo o pacto entre dos o más personas, que se obligan mutuamente a realizar alguna cosa a cambio de otra. // *(Léx.)* Documento en donde queda escrito dicho acuerdo.

contribución *(Léx.)* Parte que cada uno aporta en un gasto o trabajo en común. // *(Soc.)* Impuesto que se paga anualmente al ayuntamiento o al estado por el terreno que ocupa una casa o un piso de propiedad.

contusión *(Léx.)* Lesión sin herida externa producida por un golpe.

convoy *(Léx.)* Conjunto de vehículos, escoltados o protegidos.

convulsión *(Fisiol.)* Contracción violenta, involuntaria y repetida de los músculos. // *(Soc.)* Revolución; perturbación política o social. Agitación. // *(Geol.)* Sacudida de la tierra o del mar producida por los terremotos.

cónyuge *(Léx.)* Consorte. Cualquiera de los dos esposos (marido o mujer), uno respecto del otro. *P. ej. "La señora de Ribera asistió al acto en representación de su cónyuge."*

coñac *(Léx.)* Bebida alcohólica, de grado elevado, que se envejece en toneles de roble, según se hace en la región francesa de Cognac (de ahí viene su nombre).

Cook, islas *(Geog.)* Archipiélago del sur del océano Pacífico que constituyen un estado asociado a Nueva Zelanda. Tienen una superficie de 241 km². Fueron descubiertas por el navegante inglés James Cook en 1777. Su actual capital es Avarua, en la isla de Ravotonga.

cooperativa *(Léx.)* Asociación de productores o consumidores para producir, vender o comprar en común, sin depender de otros compradores o vendedores. *P. ej. Cooperativa de productores de vino.* // *(Léx.)* Local o establecimiento de esta asociación.

coordenadas *(Mat.)* Líneas que determinan la posición de un punto en el espacio o en una superficie. Las dos coordenadas en un plano son la abscisa (X) y la ordenada (Y).

coordinado *(Léx.)* Que está colocado o dispuesto ordenadamente, para que todo funcione con perfección y de este modo conseguir un objetivo común. // *(Leng.)* **oraciones coordinadas:** Oraciones compuestas, unidas por un enlace (generalmente una conjunción coordinada), en las que cada oración simple que las compone, tiene significado por sí sola.

"LA SIRENITA" DEL PUERTO DE COPENHAGUE

Copenhague *(Geog.)* Capital y puerto de Dinamarca, situada al E de la isla de Seeland. Tiene aproximadamente 960.300 hab. Es un centro industrial importante.

Seguro que en más de una ocasión habéis visto la deliciosa sirenita que es símbolo de la ciudad de Copenhague. Se trata de una escultura en granito negro que, en el puerto de la capital danesa, evoca a la protagonista del famoso cuento "La sirenita" de Hans Christian Andersen, escritor nacido en Dinamarca, y una de las figuras importantes de la literatura de todos los tiempos.

Copérnico, Nicolás *(Hist.)* (1473-1543) Astrónomo polaco. Consiguió probar que la Tierra no era el centro del Universo sino que ésta gira alrededor del Sol. Ello le provocó muchos problemas y discusiones con la Iglesia que consideraba esta afirmación como una herejía.

NICOLAS COPERNICO

copia *(Léx.)* Reproducción exacta de un texto escrito, o de una obra de arte de cualquier tipo.

copo *(Léx.)* Cada uno de los corpúsculos de nieve que caen cuando nieva. *P. ej. Ayer nevó a grandes copos.* // *(Bot.)* Pedazo de algodón, lino, cáñamo u otra materia textil.

copulativo *(Leng.)* Aquello que une o liga una cosa con otra. // *(Leng.)* Las conjunciones copulativas más corrientes son y, e, ni, que. // *(Leng.)* Se llaman así a los verbos que necesitan un atributo para completar el sentido de una frase. Dichos verbos son: ser, estar, parecer y resultar.

SERPIENTE
CORAL

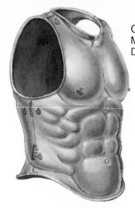

CORAZA
METALICA
DEL s. VI

coral *(Mús.)* Todo lo que tiene relación con un coro. // *(Mús.)* Composición para ser cantada a varias voces. // *(Mús.)* Conjunto no muy numeroso de personas especializadas en la interpretación de música vocal. // *(Zoo.)* Animal celentéreo cuya estructura calcárea de color blanco, rosado o encarnado se utiliza en joyería. // *(Zoo.)* Culebra venenosa de América del S de color rojo y anillos negros. // *(Geog.)* **Mar del coral** Zona del Pacífico situada al NE de Australia, que se extiende hasta las islas Salomón, Nuevas Hébridas y Nueva Caledonia. Los arrecifes de coral suelen estar en aguas poco profundas. Allí las plantas y los animales tienen tonalidades bellísimas para confundirse con el entorno y no ser capturados con facilidad. Los peces por ejemplo, tienden a ser muy brillantes y con rayas de varios colores.

corazón *(Fisiol.)* Órgano vital en el hombre y en los animales; es hueco, de forma ovoide y está situado en el pecho o tórax, siendo el centro de la circulación de la sangre. Se divide en dos partes separadas, la derecha, y la izquierda, que a su vez también se dividen en aurículas (parte superior) y ventrículos (parte inferior) que están comunicadas. La sangre de las venas que ha recorrido todo el cuerpo llega a la aurícula derecha, pasa al ventrículo derecho y de allí a los pulmones, donde se regenera y vuelve al corazón. Esta vez entra por la aurícula izquierda, pasa al ventrículo izquierdo, del cual, por la arteria aorta, pasa otra vez al resto del cuerpo. Para que la sangre circule, el corazón realiza movimientos de contracción y dilatación; de este modo puede expulsar y recibir la sangre.

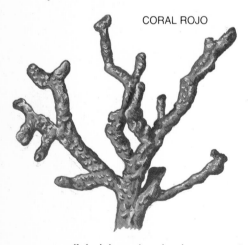

CORAL ROJO

coraza *(Léx.)* Armadura hecha con material duro (como el hierro o el cuero), que cubre el pecho y la espalda. Se utilizaba para protegerse en la batalla. // *(Zoo.)* Concha o caparazón de algunos animales, como, p. ej., la **coraza** de la tortuga.

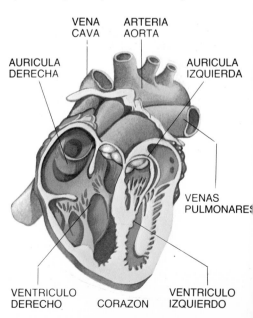

VENA CAVA
ARTERIA AORTA
AURICULA DERECHA
AURICULA IZQUIERDA
VENAS PULMONARES
VENTRICULO DERECHO
CORAZON
VENTRICULO IZQUIERDO

Córdoba *(Geog.)* Ciudad de España, capital de la provincia que lleva el mismo nombre, situada al sur de la península Ibérica y atravesada por el río Guadalquivir. Tiene una población de 250.000 hab.

LA MEZQUITA DE CORDOBA

Córcega *(Geog.)* Isla situada en el mar Mediterraneo, al O de Italia, perteneciente a Francia desde 1768. Tiene una superficie de 8.680 km^2. Desde 1975 está dividida en dos partes: Córcega del Sur, con capital en Ajaccio y Alta Córcega, con capital en Bastia

corchea *(Mús.)* Nota musical que vale la mitad de una negra o como dos semicorcheas.

corcho *(Bot.)* Corteza del árbol llamado alcornoque. Tiene varias aplicaciones industriales, la más conocida de las cuales es la fabricación de tapones de botellas.

cordado *(Zoo.)* Grupo de animales que tienen columna vertebral.

cordero *(Zoo.)* Cría de la oveja que todavía no ha cumplido un año.

Corea *(Geog.)* Península oriental de Asia, que se adentra en los mares Amarillo y del Japón. Al norte limita con la China, extendiéndose hacia el sur durante 840 km y de E a O durante 360. Actualmente se halla dividida en dos estados.

Corea del Norte *(Geog.)* Estado del Asia Oriental que ocupa la parte norte de la península de Corea. Tiene 17.000.000 de hab. y su capital es Pyongyang. El clima es continental, con inviernos muy fríos y secos y veranos cálidos y húmedos.

Corea del Sur *(Geog.)* Estado de Asia Oriental que ocupa la parte sur de la península de Corea. Tiene una población de 37.000.000 de hab. y su capital es Séul. Es un país ocupado fundamentalmente por extensas llanuras y colinas, con un clima continental pero muy influenciado por el viento monzón.

coreografía *(Arte)* Arte de componer, pensar y elaborar bailes.

Corfú *(Geog.)* Isla griega situada en el norte del mar Jónico con una población de 93.000 hab. Su capital es Corfú. Desde 1864 pertenece a Grecia de la cual es un departamento.
Corfú se llamaba en la antigüedad Coraro y fue habitada por los fenicios y colonizada por los corintios en el año 733 a.C. Conserva algunos restos importantes de esta época, como el templo de Artemisa. Durante la Edad Media fue un importante puerto bizantino y actualmente es un importante centro turístico debido a la belleza de sus playas.

corindón *(Geol.)* Alúmina (óxido de aluminio) cristalizada, que forma algunas piedras preciosas. Se utiliza como abrasivo y en joyería. Las variedades más utilizadas son el rubí y el zafiro.

cormo *(Bot.)* Tallo, parte de las plantas criptógamas que sobresale de la tierra. // *(Bot.)* En las plantas fanerógamas se llama así a todo el cuerpo del vegetal: tronco, hojas y raíces. // *(Biol.)* Organismo animal formado por otros muchos cuerpos elementales y básicos.

córnea *(Anat.)* Parte delantera y transparente del globo ocular, que tiene forma de casquete esférico.

cornete *(Anat.)* Nombre que se da a cada una de las tres pequeñas láminas óseas, enrolladas sobre sí mismas, que forman parte del esqueleto de las fosas nasales.

cornisa *(Arte)* Elemento saliente con molduras que remata un friso o un muro. // *(Léx.)* Moldura con la que se finaliza un mueble, un pedestal, una puerta o ventana, etc. *P. ej., la cornisa de la librería.* // *(Geol.)* Formación de nieve que se acumula en la mayor parte de las aristas o esquinas de una montaña a partir de una altura determinada.

coro *(Léx.)* Grupo de personas que interpretan juntas una obra musical cantada. // *(Soc.)* Conjunto de personas que en las representaciones teatrales de la antigua Grecia y las de Roma, expresaban, en el intermedio y mediante cantos, las sensaciones que les había producido la obra. // *(Mús.)* Parte de una pieza musical que es cantada por un conjunto numeroso de voces. // *(Arte)* Parte de una iglesia donde se sitúan los cantores o donde se reúnen los religiosos para cantar o rezar los oficios.

coroides *(Anat.)* Membrana situada entre la retina y la esclerótica que recubre interiormente todo el globo del ojo, excepto la parte que corresponde a la córnea trasparente.

CORONA IMPERIAL

corona *(Léx.)* Aro de ramas, flores o metal que se pone en la cabeza como señal de premio, recompensa o dignidad. // *(Hist.)* Reino o monarquía. *P. ej., la Corona Española.* // *(Léx.)* Conjunto de flores y ramas, en forma de círculo que se pone en los coches mortuorios y en los cementerios como recuerdo a la persona muerta. //

(Soc.) Unidad monetaria principal de Dinamarca, Suecia, Islandia, Noruega, Checoslovaquia y otros países. // *(Fisiol.)* Parte del diente, recubierto de esmalte que sobresale de la mandíbula. // *(Mat.)* Superficie plana comprendida entre dos circunferencias concéntricas.

coronel *(Léx.)* Oficial de los ejércitos de tierra y aire que tiene el grado intermedio entre el teniente coronel y el general.

corpúsculo *(Fís.)* Parte de materia de tamaño microscópico. Cuerpo muy pequeño, molécula. // *(Fís.)* Nombre que se da, en general, a cualquiera de los componentes de un átomo. // *(Fisiol.)* Nombre que reciben, por su tamaño microscópico, algunos cuerpos o estructuras que se encuentran en los tejidos y en la sangre del cuerpo humano. *P. ej., los corpúsculos de Gierke.*

corrección *(Léx.)* Acción de rectificar un error o algo que está mal hecho para perfeccionarlo. // *(Léx.)* Cambio que se introduce en una obra para mejorarla. *P. ej. "Va a hacer la corrección de su novela."* // *(Léx.)* Represión que una persona da a otra al censurarle un defecto, una mala acción, etc.

Correggio (Antonio Allegri) *(Arte)* (1489-1530) Pintor italiano cuya pintura estuvo influenciada por Mantegna, Miguel Ángel y Rafael. Tuvo una gran influencia en la pintura del siglo XVIII. Sus obras más importantes son las de temática religiosa, *Asunción de la Virgen, La Visión de San Juan* y entre los cuadros mitológicos de los últimos años, *Io y Ganímedes.*

correlativo *(Léx.)* Nombre que se da a todo aquello que indica una correlación, es decir, una relación mutua y recíproca entre dos cosas.

correo *(Léx.)* Nombre que recibe el servicio público que se encarga del transporte de la correspondencia (cartas, impresos, etc.) y paquetes pequeños. // *(Léx.)* Persona que tiene el oficio de llevar y traer mensajes escritos. // *(Léx.)* Conjunto de cartas e impresos que recibe cada día una persona o una empresa. // *(Léx.)* Oficina (de correos) donde se recibe y clasifica la correspondencia. // *(Léx.)* Medio de locomoción que transporta la correspondencia de un lugar a otro. *P. ej., un tren* **correo.**

El servicio de correos se instituyó en España antes que en otros países europeos. Se sabe que hacia el año 1200 ya existía, en Barcelona, una cofradía que se dedicaba a repartir el correo entre los comerciantes de la zona.

SELLOS DE
CORREOS

correr *(Léx.)* Ir de un lugar a otro moviendo las piernas de forma que, a cada paso, haya un momento en que ninguno de los dos pies toca el suelo. // *(Léx.)* Ir rápidamente. // *(Dep.)* Participar en una carrera. // *(Léx.)* Echar, tender o recoger algo. *P. ej.,* **correr** *las cortinas;* **correr** *el cerrojo.*

CORREDOR DE
100 m LISOS

corriente *(Léx.)* Movimiento de un fluido que corre por una tubería, cauce, canal o cualquier otro conducto. // *(Léx.)* Normal, que no es nada extraordinario.

corriente eléctrica *(Fís.)* Desplazamiento de cargas eléctricas (electrones) a través de un conductor.

corriente de aire *(Geog.)* Masa de aire que se desplaza de un lugar a otro.

MAPAMUNDI CON LAS PRINCIPALES
CORRIENTES MARINAS

EN AZUL: CORRIENTES FRIAS
EN ROJO: CORRIENTES CALIDAS

corriente marina *(Geog.)* Movimiento que arrastra grandes masas de agua en la superficie de los mares o en el interior de los océanos.

corroer *(Léx.)* Desgastar lentamente una cosa. // *(Léx.)* Sentir constantemente los efectos de una preocupación o problema que llega, incluso, a disminuir la salud de una persona.

corrupción *(Léx.)* Acción de corromper, es decir, de estropear algo. // *(Léx.)* Vicio que se introduce en una sociedad o en una persona, destruyendo sus buenas cualidades e instintos.

corsario *(Hist.)* Nombre que recibían los tripulantes de las embarcaciones que habían establecido un contrato con el país o estado del que era originaria la nave, mediante el cual atacaban a barcos de otros países.

corte *(Léx.)* Hendidura producida por un objeto cortante, en la piel o en cualquier otra superficie. // *(Léx.)* Cantidad de tela o de cuero que se necesita para hacer un vestido o unos zapatos. // *(Soc.)* Lugar o población donde vive un rey. // *(Soc.)* Nombre que recibe todo el grupo de personas que forman el séquito y la comitiva de un rey y que, antiguamente, vivía con él en el mismo palacio.

cortesía *(Léx.)* Acto y tratamiento de atención, respeto y afecto que da una persona a otra. *(Léx.)* Expresión de obsequio, buena educación o amabilidad.

corteza *(Bot.)* Parte exterior de algunos vegetales, animales, frutas y objetos, que se caracteriza por su dureza. *P. ej., la corteza del árbol.* // *(Geol.)* Capa exterior o superficial de la Tierra, que también recibe el nombre de litosfera. Tiene un espesor medio de 35 km bajo los continentes y de 10 km bajo los océanos. Está situada sobre una masa de rocas duras de varios kilómetros de espesor.

Las montañas no son más que grandes arrugas que se forman en la corteza terrestre, cuando varias de las placas que la forman se acercan entre sí y los sedimentos rocosos que hay entre ellas, se abomban y suben hacia arriba en forma de montañas.

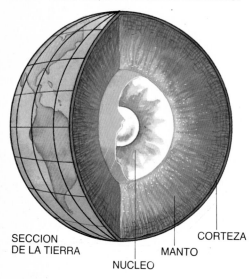

SECCION DE LA TIERRA

CORTEZA

MANTO

NUCLEO

cortijo *(Léx.)* Finca, casa de campo en Andalucía. Normalmente es grande y está rodeada de una gran extensión de tierras de cultivo.

cortisona *(Biol.)* Hormona que se obtiene de las glándulas suprarrenales, con propiedades antiinflamatorias y que se emplea en el tratamiento de algunas enfermedades que se caracterizan, precisamente, por la inflamación de órganos o articulaciones. *P. ej., la artritis se trata con cortisonas.*

cortocircuito *(Fís.)* Fenómeno eléctrico que supone la disminución repentina de la resistencia de un circuito o parte de él, lo qué determina el aumento brusco de la intensidad de la corriente, que alcanza un nivel mucho más alto de lo normal.

Coruña, La *(Geog.)* Provincia española, una de las cuatro que forman la Comunidad Autónoma de Galicia. Su extensión es de 7.876 km² y 900.000 hab. aproximadamente. // *(Geog.)* ciudad española, capital de la provincia del mismo nombre. 300.000 hab. aproximadamente.

córvidos *(Zoo.)* Nombre que se da a una familia de aves que viven en los árboles, caracterizados por tener un pico fuerte, grueso, ligeramente curvado y con unos cortes o puntos en el borde a modo de dientes. Son córvidos el cuervo, la corneja y la urraca, p. ej.

CORNEJA CENICIENTA

corzo *(Zoo.)* Animal cuadrúpedo rumiante, que pertenece a la familia de los cérvidos. Es muy ligero y asustadizo, de tamaño un poco mayor que una cabra y de color gris rojizo. Tiene, en la cabeza, unas astas pequeñas que forman una horquilla en su extremo.

CORZO

cosa *(Léx.)* Nombre que recibe todo aquello que existe, ya sea material o espiritual, natural o artificial, real o imaginario, etc.

Cosa, Juan de la *(Hist.)* (1449-1510): Cartógrafo y piloto español. Acompañó a Colón en su segundo viaje a América y también a otros descubridores como Américo Vespuccio y Alonso de Ojeda. Su misión era la de trazar el mapa de las tierras recorridas.

El mapa más importante de Juan de la Cosa es el Mapa Mundi, realizado en el año 1500, que actualmente se conserva en el Museo Naval de Madrid. En este mapa señaló todas las tierras conocidas y recorridas por los descubridores, lo que le convierte en un documento importantísimo.

cosecha *(Bot.)* Conjunto de frutos o productos que se recogen de un campo cultivado.

cosmos *(Léx.)* Nombre con el que se designa al mundo, al universo o al conjunto de todo lo existente.

costa *(Geog.)* Tierra que bordea la orilla del mar. // *(Léx.)* Cantidad que se paga por una cosa.

Costa de Marfil *(Geog.)* Estado de África occidental, situado en la costa norte del golfo de Guinea. Tiene una extensión de 22.500 km² y una población de 7.610.000 hab. Su capital es Abidján. Tiene un clima tropical húmedo y su vegetación típica es el bosque tropical y la sabana.

Costa Rica *(Geog.)* Estado de América Central que limita al norte con Nicaragua, al este con el mar caribe, al sureste con Panamá y al sur y al oeste con el océano Pacífico. Tiene una extensión de 51.100 km² y una población de 2.125.000 hab. La capital es San José. Es un país especialmente montañoso y con un clima tropical, cálido y húmedo.

costado *(Anat.)* Parte lateral del cuerpo humano, situada entre el pecho y la espalda. // *(Léx.)* Lado de cualquier objeto.

costilla *(Anat.)* Nombre que reciben cada uno de los doce huesos largos y curvados que, en cada lado del cuerpo, van de la columna vertebral al esternón, formando la caja torácica.

cotiledón *(Bot.)* Parte de la semilla que rodea al brote o embrión y que le proporciona el alimento necesario para su crecimiento. Las plantas con flores pueden tener una semilla con un cotiledón (monocotiledóneas) o con dos (dicotiledóneas).

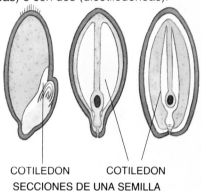

COTILEDON   COTILEDON
SECCIONES DE UNA SEMILLA

cotorra *(Zoo.)* Ave trepadora americana, parecida al papagayo, pero más pequeña.

Coubertin, Pierre de *(Hist.)* (1863-1937) Pedagogo francés que dedicó su vida a renovar los juegos Olímpicos y a impulsar su restablecimiento, cosa que consiguió en 1896. Desde ese año hasta 1925 fue el presidente del Comité Olímpico Internacional (C.O.I.).

PIERRE DE COUBERTIN

cow-boy *(Lex.)* Palabra de origen inglés con la que se designa al guardián o persona que se dedica a cuidar el ganado en los ranchos norteamericanos.

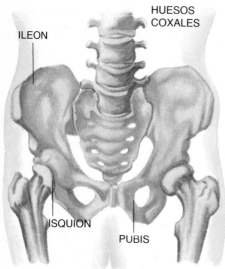

HUESOS COXALES

ILEON

ISQUION

PUBIS

coxal *(Anat.)* Relativo a la cadera. // *(Anat.)* Cada uno de los dos huesos que forman la cintura pélvica, en los que se distinguen tres partes: ilion, isquion y pubis.

coyote *(Zoo.)* Animal mamífero y carnívoro, de América del Norte, parecido al lobo y al chacal.

COYOTE

coyuntura *(Anat.)* Articulación de un hueso con otro. // *(Léx.)* Situación favorable para que se produzca algo. *P. ej. "En esta coyuntura es probable que bajen los precios."* // *(Léx.)* Estado general de pobreza o riqueza en un momento dado.

coz *(Léx.)* Levantar y sacudir un caballo, asno o mulo, etc., una o las dos patas posteriores con violencia y hacia atrás.

cráneo *(Anat.)* Caja o cavidad ósea que contiene y protege el encéfalo en los vertebrados. Está formada por los siguientes huesos: frontal, etmoides, esfenoides, occipital, dos parietales y dos temporales.

cráter *(Léx.)* Boca o abertura situada en la parte superior de un volcán por donde salen los materiales de proyección (fuego, ceniza, etc.) y la lava.
Los cráteres tienen en ocasiones grandes dimensiones. Es el caso del de Toba (Indonesia) que con 1.775 km^2 está considerado como la boca de volcán más grande del mundo.

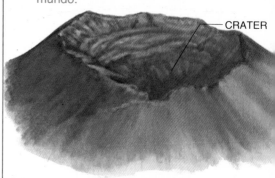

CRATER

CONO VOLCANICO

creación *(Léx.)* Acto de crear, de hacer Dios todas las cosas sacándolas de la nada. // *(Léx.)* Acción de inventar o hacer algo. *P. ej., la creación de una obra de arte.* // *(Léx.)* El Mundo y todo lo que existe.

creciente *(Léx.)* Que aumenta o se desarrolla. // *(Astron.)* Tiempo que transcurre entre la luna nueva y la luna llena y durante el cual la parte iluminada del satélite que vemos nosotros, crece de forma continua.

crédito *(Léx.)* Cantidad de dinero que se solicita al banco para poder comprar algo y que se devuelve con unos intereses, es decir, pagando al banco o a la sociedad que lo ha prestado más dinero que el que se ha recibido. // *(Léx.)* Reputación o fama de alguien. *P. ej. "Este cliente goza de buen crédito. Se puede dar crédito a sus palabras."*

crepúsculo *(Geog.)* Claridad o luminosidad que hay en el cielo al amanecer y al anochecer. Normalmente adquiere un tono rojizo o rosado.

crescendo *(Mús.)* Palabra de origen italiano que significa el aumento gradual y progresivo del volumen del sonido.

cresta *(Zoo.)* Saliente de carne roja que tienen sobre la cabeza el gallo y otras aves, generalmente el macho. // *(Zoo.)* Moño de plumas que tienen algunas aves. // *(Geog.)* Cumbre rocosa irregular de una montaña. // *(Léx.)* Nombre figurado que se le da a la cima de una ola coronada de espuma.

CRESTA

GALLO

Creta *(Geog.)* Isla griega del Mediterráneo oriental, situada al sureste del Peloponeso, con una superficie de 8.336 km^2 y una población de 457.000 hab. aproximadamente.
En Creta se desarrolló, en el tercer milenio a.C., la llamada civilización minoica, foco primitivo de la civilización griega, que alcanzó un gran esplendor. Como restos de ella han quedado el palacio de Knosos y de otras muchas ciudades (Maila, Faistos, etc.)

cretácico *(Geol.)* Período geológico final de la era secundaria, que se caracteriza por la formación de la creta (roca caliza de origen orgánico, blando, formado por restos de equinodermos, moluscos y otros organismos).

cría *(Léx.)* Tiempo que se emplea en cuidar a un niño desde que nace hasta que llega a la adolescencia. // *(Zoo.)* Conjunto de animales que nacen de una sola vez. // *(Léx.)* Niño o animal que se está criando.

crícquet *(Dep.)* Juego de pelota inglés que se practica al aire libre con bates y pelotas de madera. Es muy conocido en Inglaterra y en sus antiguas colonias.

Crimea *(Geog.)* Península rusa situada entre el mar Negro y el mar de Azov. Tiene más de 25.000 km^2 y unos 2.000.000 de hab.

Crimea, guerra de *(Hist.)* Conflicto entre Rusia y una coalición formada por Francia, Gran Bretaña, Turquía y el Piamonte, que se desarrolló entre 1854-1856. Por la Paz de París, 30 de marzo de 1856, Rusia fue obligada a renunciar a sus pretensiones sobre Turquía.

criminal *(Léx.)* Persona que ha cometido o ha querido cometer un crimen. // *(Soc.)* Dícese del conjunto de leyes e instituciones que se dedican a castigar y perseguir los crímenes. *P. ej., derecho **criminal**. Brigada de lo **criminal**, etc.*

crin *(Zoo.)* Conjunto de pelos largos y duros que tienen algunos animales en la parte posterior y superior del cuello y en la cola.

criollo *(Soc.)* Se llama así a la persona hispanoamericana cuyos padres o ascendientes son españoles. // *(Léx.)* Dícese de cuanto se relaciona con los criollos y su cultura. *P. ej., la música **criolla**.*

cripta *(Léx.)* Lugar subterráneo donde normalmente se entierra a los muertos o se celebra la liturgia.

criptón *(Geol.)* Ver Kriptón.

crisol *(Léx.)* Vaso muy resistente al fuego (generalmente de arcilla refractaria) que sirve para fundir los metales, el vidrio y otros materiales. // *(Léx.)* Parte inferior de un alto horno donde se acumula el metal fundido.

CRISOL

SECCION DE UN ALTO HORNO

cristalino (Léx.) Adjetivo que se aplica a los objetos de cristal o de otros materiales similares. // **(Fisiol.)** Elemento del ojo, en forma de lente biconvexa, situado en el globo ocular, detrás de la pupila, por donde atraviesan los rayos de luz para formar la imagen en la retina.

cristalografía (Geol.) Ciencia que estudia los cristales, las relaciones que unen sus formas con sus estructuras y también sus propiedades físicas y químicas.

cristianismo (Soc.) Religión que se basa en las ideas y enseñanzas de Cristo. El cristianismo nació en Judea y fue predicado por los apóstoles por todo el Mediterráneo. Se convirtió en la religión oficial del Imperio Romano en el año 313, después de ser perseguido durante muchos años. Poco a poco se fue extendiendo y desarrollando en muchos países, hasta ser parte constituyente de la civilización occidental. La figura central del cristianismo es Jesús, que es a la vez, intermediario entre el hombre y Dios y Dios mismo. Su mensaje es un mensaje de esperanza, de amor y de compromiso personal ante Dios y hacia el resto de la humanidad.

Cristo (Soc.) Nombre que también se da a Jesús y que significa ''el hijo de Dios hecho hombre''.

crítica (Léx.) Opinión o juicio que se da sobre defectos y cualidades de cualquier cosa. // **(Léx.)** Opinión que juzga una obra artística, literaria o musical. // **(Léx.)** Rumor o murmuración sobre alguien o algo.

cromático (Léx.) Todo aquello que es relativo a los colores. // **(Mús.)** **Escala cromática.** Serie de sonidos ascendentes o descendentes que progresan por semitonos.

Cro-Magnon (Geog.) Lugar de Francia, en la Dordoña, donde en 1868, fueron encontrados restos de esqueletos y huesos humanos, pertenecientes seguramente a una raza de la época paleolítica, que ha sido llamada por los paleontólogos Hombre de Cro-Magnon. Era una raza físicamente fuerte y dotada de una gran inteligencia, como demuestra, por ejemplo, las magníficas pinturas que aquellos hombres dejaron en las cavernas que habitaron.

HOMBRE
DE CRO-MAGNON

cromlech (Léx.) Monumento megalítico (es decir, hecho con grandes piedras) formado por varias piedras verticales puestas en círculo.

CROMLECH

cromo (Quím.) Elemento químico, metálico, blanco, duro e inoxidable. Se utiliza normalmente en la metalurgia y en la pintura, como revestimiento protector o para endurecer otros metales. // **(Léx.)** Estampa o dibujo de poco valor. Puede ser de reducido tamaño y coleccionable.

cromosoma (Biol.) Elemento de la célula que lleva el código genético (rasgos, carácter, etc.) de una persona. Cada cromosoma está formado por un gran número de genes, cada uno de los cuales lleva a un rasgo particular.

cronología (Hist.) Ciencia que se ocupa de estudiar y determinar el orden y las fechas de los acontecimientos históricos. // **(Léx.)** Manera de medir el tiempo.

cronómetro (Fís.) Reloj de mucha precisión que se utiliza para medir el tiempo en las pruebas deportivas o en cualquier otra actividad en la que se desea saber el tiempo exacto, ajustado hasta las décimas o centésimas de segundo.

CRONOMETRO

croquet (Léx.) Palabra inglesa que da nombre al juego que consiste en hacer pasar bajo unos aros, unas balas de madera, golpeándolas con un mazo, para que sigan un recorrido determinado.

crótalo (Mús.) Instrumento musical de madera o metal que es una variedad de las castañuelas. // **(Zoo.)** Serpiente venenosa de América que tiene en la punta de la cola unos anillos con los cuales hace ruido cuando se mueve. Por eso se le llama también serpiente de cascabel.
El sonido de la serpiente cascabel puede llegarse a oír hasta a unos 30 m de distancia. Los anillos con los que produce ese ruido característico son el resultado de unas escamas formadas por las mudas que el animal realiza al año. Cada vez que

SERPIENTE DE CASCABEL COMUN

cambia la piel añade un nuevo eslabón a su cola. Así, hasta que tiene unos ocho y los comienza a sustituir por otros nuevos.

crucero (Léx.) Viaje turístico que se hace en barco. // **(Arte)** Nave transversal de las iglesias, que forma una cruz con la central. Espacio en común que tienen las dos naves. // **(Soc.)** Barco de guerra rápido, armado con cañones y que tiene como función la vigilancia en alta mar y la protección de los aviones y barcos de línea.

CRUCERO

crucería (Arte) Bóveda característica de la arquitectura gótica formada por arcos que se cruzan entre sí coincidiendo, en su punto medio, sobre una pieza llamada llave.

crucigrama (Léx.) Juego que consiste en colocar, en un tablero con cuadros blancos y negros, las letras correspondientes a una serie de palabras previamente definidas y que pueden leerse tanto horizontal como verticalmente.
Actualmente los crucigramas son un pasatiempo habitual en los periódicos. Sin embargo, es un juego moderno, puesto que los primeros aparecieron en el ''New York World'', un diario de Nueva York, el 21 de diciembre de 1913.

cruento *(Léx.)* Sangriento.

crustáceo *(Zoo.)* Animal artrópodo de respiración branquial con el cuerpo cubierto por un caparazón calcáreo, la cabeza y el cuerpo unidos y dos clases de patas: unas para moverse y otras en forma de pinza. *P. ej., la langosta, el cangrejo, etc.*

BUEY DE MAR

cruz *(Soc.)* Conjunto de dos maderos cruzados que, en memoria de la muerte de Jesucristo, es el símbolo principal de las religiones cristianas. Como tal es frecuente encontrarla en arte, decoración, joyería, etc. // *(Mat.)* Signo de la suma y en general, de los números positivos.

Cruz Roja *(Soc.)* Organización internacional que fue fundada en 1863 por Henry Dunant, para atender a las víctimas de cualquier catástrofe sin distinción de raza o credo político o religioso.

Cruzadas, las *(Hist.)* Serie de seis expediciones militares que tuvieron lugar entre 1096 y 1270, para conseguir el dominio cristiano de los lugares donde vivió y murió Cristo. Aunque no consiguieron explusar a los musulmanes de Tierra Santa, contribuyeron al intercambio cultural entre Oriente y Occidente y crearon el ambiente caballeresco de la Europa medieval.

cuadrado *(Mat.)* Resultado de multiplicar una cantidad por sí misma. Se indica con un 2 situado en la parte superior derecha de la cantidad que se quiere elevar al cuadrado. *Por ej.: cinco al* **cuadrado** *es veinticinco: $5^2 = 25$.* // *(Mat.)* Figura geométrica plana, limitada por cuatro lados iguales que forman cuatro ángulos rectos.

cuadrante *(Mat.)* Cuarta parte del círculo.

cuadrícula *(Léx.)* Conjunto de cuadrados que resultan de cortarse perpendicularmente dos series de rectas paralelas. Suele emplearse en dibujo, como fondo de papel, para facilitar la escritura, etc.

cuadrilátero *(Mat.)* Polígono de cuatro lados. Pueden ser paralelógramos, trapecios y trapezoides.

cuadro *(Léx.)* Cualquier polígono de cuatro lados. // *(Arte)* Papel o tela sobre los que se pinta y que sostenidos por un bastidor y

DISTINTOS TIPOS DE CRUCES

LATINA   GRIEGA   TREBOLADA   DE MALTA   EGIPCIA

POTENZADA   DE LORENA   PAPAL   DE SAN ANDRES   EN TAU

enmarcados se exponen colgados de la pared. // *(Léx.)* Conjunto de jefes en un batallón del ejército o en cualquier colectividad.

cuadrúmano *(Zoo.)* Animal de cuatro manos. *P. ej., los monos.*

cual, cuales *(Leng.)* Adjetivo correlativo. *P. ej. "Deja esto tal **cual**."* // *(Leng.)* Pronombre relativo que puede equivaler al relativo que. *P. ej. "Lo firmó Juan, el **cual** marchó después a su casa."* // *(Leng.)* Adjetivo interrogativo. *P. ej. "¿**Cuáles** son los que van a comer?"*

cualquiera *(Leng.)* Adjetivo indefinido que se utiliza para referirse a un objeto indeterminado. // *(Leng.)* Pronombre indefinido con la misma significación que el adjetivo.

cuando *(Leng.)* Adverbio de tiempo. *P. ej. "**Cuando** llegue, serán las dos."* // *(Leng.)* Conjunción condicional que puede sustituir a aunque.

cuanto, cuanta *(Leng.)* Adjetivo relativo que expresa una igualdad. // *(Leng.)* Adjetivo interrogativo que a veces cumple función de pronombre. *P. ej. ¿**Cuánto** es?*

cuarentena *(Léx.)* Espacio o período de cuarenta días o menos, durante el cual están aisladas las personas que padecen ciertas enfermedades para evitar su propagación.

cuarta *(Mat.)* Cada una de las cuatro partes en que se divide una unidad.

cuartel *(Léx.)* Edificio destinado a alojar a los miembros del ejército.

cuarteta *(Lit.)* Combinación de cuatro versos que riman el segundo con el cuarto. *P. ej.*
   La más bella niña
   de nuestro lugar,
   hoy viuda y sola
   y ayer por casar.
      (Luis de Góngora)

cuarzo *(Geol.)* Mineral que se presenta en forma de cristales hexagonales o de masas cristalinas. Puede ser transparente, diáfano u opaco. Una variedad muy usada en joyería es la amatista.

CUARZO

cuaternario *(Geol.)* Era geológica en la que aparece el hombre en la Tierra. Se divide en pleistoceno o glacial y holoceno.

Cuba *(Geog.)* Isla de las Antillas de 114.524 km^2 y una población aproximada de 6.000.000 de hab. que constituye un estado. Su capital es La Habana. // *(Léx.)* Recipiente de madera para guardar líquidos.

cúbico *(Mat.)* Relacionado con el cubo.

cubierta *(Léx.)* Techumbre de una casa.

cubierto *(Léx.)* Utensilios para comer compuestos de tenedor, cuchara y cuchillo. // *(Léx.)* Comida que se da en los restaurantes por un precio previamente estipulado.

cubismo *(Arte)* Movimiento artístico contemporáneo, muy importante, que quiere reducir la representación de la realidad a figuras geométricas. Uno de sus iniciadores fue Picasso.

cúbito *(Anat.)* El más largo de los dos huesos del antebrazo.

cubo *(Léx.)* Vasija o recipiente de metal, madera o plástico en forma de cono truncado e invertido que se utiliza para contener agua. // *(Mat.)* Figura geométrica formada por 6 cuadrados iguales. // *(Mat.)* Resultado de multiplicar una cantidad tres veces por sí misma. La operación se indica con un 3 situado en la parte superior derecha de la cantidad que quiere elevarse al cubo. *P. ej. Cuatro al **cubo** es igual a sesenta y cuatro:* $4^3 = 4 \times 4 \times 4 = 64$.

cucaracha (Zoo.) Llamada también cochinilla, es un insecto nocturno y corredor, negro, que se esconde en sitios húmedos y oscuros. Desprende un desagradable olor.

cuclillo (Zoo.) Ave trepadora de plumaje pardo-ceniciento y cola negra.

El cuclillo es un ave emigrante, que no construye nido. Su hembra utiliza el nido, ya establecido, de otras aves para poner e incubar sus huevos.

cucurbitácea (Bot.) Familia de plantas rastreras o trepadoras a las que pertenecen la calabaza, el melón y la sandía.

CUCURBITACEA: SANDIA

cuello (Anat.) Parte del cuerpo que une la cabeza al tronco. // **(Léx.)** Parte del vestido que cubre esta zona.

Cuenca (Geog.) Provincia de España que pertenece a la comunidad autónoma de Castilla-La Mancha. Tiene una extensión de 17.061 km^2 y una población de 400.000 hab. aprox. // **(Geog.)** Ciudad española, capital de la provincia del mismo nombre. 35.000 hab. aproximadamente.

cuenta (Mat.) Resultado de contar cantidades y de hacer cálculos con ellos. // **(Léx.)** Estado de las sumas de dinero de una persona o empresa. *P. ej., el estado de una* **cuenta** *corriente abierta en un banco registra todo lo que su titular tiene en ella y lo que ha gastado.*

cuento (Lit.) Relato corto que, generalmente, es de origen popular. Aunque pueden ser para niños y adultos, los más conocidos son los de tema infantil. *P. ej., Caperucita roja, Los tres cerditos, etc.*

cuerno (Zoo.) Cada una de las dos porciones óseas exteriores, generalmente recubiertas de una capa córnea, características de los rumiantes y de los bóvidos.

El animal que posee unos cuernos mayores y más vistosos es el Alce Toro. Cada año le crecen unas nuevas astas que van aumentando de tamaño hasta medir dos metros de ancho. Cuando el verano acaba las astas pierden una suave piel que las cubre. El Alce las frota entonces contra las cortezas de los árboles para pulirlas y atraer de este modo a las hembras de la manada.

cuerpo (Léx.) Todo aquello que tiene unas dimensiones limitadas. // **(Anat.)** Conjunto de materia que compone un organismo vivo. // **(Léx.)** Parte esencial de una cosa

cuestión (Léx.) Pregunta o averiguación sobre la verdad más importante de un tema. *P. ej. "Después de pensarlo supo cual era el quid de la* **cuestión.**"

cuervo (Zoo.) Pájaro carnívoro de la familia de los córvidos, de plumaje negro y pico largo y grueso.

cueva *(Léx.)* Espacio natural, hueco y subterráneo, de extensión varia, o construido artificialmente.

Las cuevas naturales suelen encontrarse en lugar donde la roca es caliza. En esta clase de suelo, formado por capas, se hacen grietas con facilidad y el agua se filtra por ellas, ensanchándolas y ocasionando la formación de grandes túneles por los que llegan a discurrir verdaderos ríos subterráneos. A su paso éstos disuelven la caliza formándose así grandes cuevas. Las personas que exploran estas cavidades reciben el nombre de espeleólogos.

culebra *(Zoo.)* Reptil de cabeza aplastada, boca grande y piel de colores y escamosa; con sus dientes en forma de gancho sujetan sus presas vivas.

cultivo *(Bot.)* Acción de dar a la tierra y plantas abonos y riegos, para que den los frutos que se trabajan.

cultural *(Léx.)* Todas aquellas facetas que el hombre desarrolla mediante su poder de creación: literatura, arte, ciencia, música, cine, política, derecho, etc.

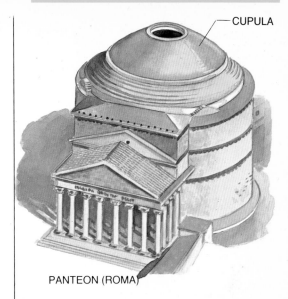

CUPULA

PANTEON (ROMA)

cúpula *(Arte)* Parte superior de un edificio o construcción en forma de media esfera que cubre una superficie cuadrada, poligonal o circular.

La cúpula mayor de la arquitectura de la antigüedad es la del Panteón, que se construyó en Roma en el año 112 y que mide 43 m de diámetro.

Curie, Marie *(Hist.)* (1867-1934) Física y química polaca que vivió en Francia. Descubrió el radio, junto con su esposo, Pierre, al que sustituyó a su muerte en su cátedra de la Sorbona. Premio Nobel de Química en 1911 y de Física —compartido con su esposo— en 1903.

"curriculum vitae" *(Léx.)* Palabras latinas que dan nombre a la relación que una persona presenta sobre sus aptitudes profesionales, datos personales, estudios, etc., para optar a un determinado puesto de trabajo o cargo oficial.

curva *(Léx.)* Línea que se aparta de la dirección recta.

cutis *(Léx.)* Piel del ser humano, especialmente la del rostro.

cuyo, cuya *(Leng.)* Pronombre relativo que significa de quien. Va inmediatamente delante del nombre y no puede unirse al artículo. *P. ej. "El árbol, **cuyo** tronco es grande, tiene hojas perennes."*

CUEVA

Ch ch

Ch (Leng.) Cuarta letra del abecedario español y tercera de las consonantes. Es de sonido sencillo y no se puede dividir.

chacal (Zoo.) Mamífero carnívoro parecido al lobo y a la zorra, que vive en Asia y África. Se alimenta de los restos de piezas que dejan otros animales.

chaflán (Léx.) En un cuerpo geométrico, cara aplanada que se ocasiona al cortar una de sus esquinas. // **(Léx.)** En las vías urbanas, parte de un cruce que pertenece a la acera y que forma un ángulo de 45° con las dos calles que se cortan.

champán (Soc.) Embarcación plana propia de China, Japón y parte de América del Sur, para navegar por los ríos. // **(Léx.)** Vino blanco espumoso, propio de la región de Champagne, en Francia. Es muy apreciado.

champiñón (Bot.) Seta comestible que se cultiva en subterráneos.

champú (Léx.) Sustancia jabonosa, originariamente obtenida de la corteza interna de un árbol de Chile, que se usa para lavar la cabeza.

chanza (Léx.) Expresión divertida, graciosa, festiva.

chapa (Léx.) Lámina, trozo, hoja de metal, madera u otro material, delgado y de grosor uniforme.

Chaplin, Charles (Arte) (1889-1977) Actor y director de cine británico. Su fama mundial reside en haber creado el personaje entrañable de Charlot, un vagabundo símbolo de la amistad y la libertad.

charada (Léx.) Enigma o acertijo que se realiza a partir de una o varias palabras.

charca (Léx.) Agua que se estanca o deposita en un terreno, en cantidades considerables.

Checoslovaquia (Geog.) República Federal de Europa central con extensión 128.000 km^2 y una población de cerca de 15 millones de hab. Su capital es Praga. Otras ciudades importantes son: Ostrava, Brno, Bratislava, Pilzen, Kosice. Es el resultado de la unión de tres estados: Bohemia-Moravia al O y Eslovaquia al E.

cheque (Léx.) Documento por el que se da orden a una entidad bancaria de pagar la cantidad consignada en beneficio de la persona que lo presenta.

Cheyenne (Soc.) Pueblo de América del Norte, actualmente en Montana y Oklahoma.

Chicago (Geog.) Ciudad de EE.UU. por donde pasa el río Michigan; su población es cercana a los 3.400.000 hab.

Chile (Geog.) Estado de América del Sur, en la costa del Pacífico con una extensión de 756.626 km^2 y 1.250.000 km^2 en la zona antártica. Su población es superior a los 11 millones de hab. Su capital es Santiago. Otras ciudades importantes son: Valparaíso y Concepción. Mantiene frontera natural —los Andes— con Argentina.

China *(Geog.)* Estado de Asia oriental con una extensión de 9.550.000 km^2 y 1.008.175.000 hab. Su capital es Pekín. Dada su extensión, su clima, vegetación y en general su medio natural, es muy variado. Su desarrollo y modernización han sido lentos pero efectivos.

China es famosa, entre otras poderosas razones, por su Gran Muralla. Ésta se terminó en el año 210 a.C. Se extiende desde Shanhai-Kuan hasta Yümên-Kuan/Yang-Kuan o lo que es lo mismo unos 6.000 km de longitud entre la línea principal y los ramales laterales. No obstante, se ha constatado que la primitiva longitud de la muralla era de 9.980 km.

chinche *(Zoo.)* Insecto de color rojo, cuerpo aplastado, y antenas cortas. Desprende un olor repulsivo y es molesto puesto que chupa la sangre humana y produce picaduras irritantes.

chinchilla *(Zoo.)* Animal roedor mamífero que vive en madrigueras subterráneas. Su piel muy fina y sedosa, se utiliza para forros y guarniciones de vestidos de abrigo.

Chipre *(Geog.)* Isla del Mediterráneo que forma un estado de 9.251 km^2 de extensión. Su población es superior a 660.000 hab. Su capital es Nicosia.

chirimoya *(Bot.)* Fruto del chirimoyo, verde por fuera y blanco por dentro, de sabor agradable y azucarado.

CHIRIMOYA

chispa *(Fís.)* Partícula inflamada que salta de la lumbre, de la muela de afilar, etc.//

(Fís.) **chispa eléctrica** Luz que produce una descarga eléctrica entre dos cuerpos con carga eléctrica distinta.

chocolate *(Léx.)* Pasta o alimento sólido que se hace con cacao y azúcar molidos a los que generalmente se añade canela o vainilla. // *(Léx.)* Bebida preparada con estos elementos y cocida en leche o agua.

Chopin, Fréderic *(Mús.)* (1810-1849) Compositor y músico polaco. Su merecida fama se debe, sobre todo, a sus obras para piano: preludios, estudios, baladas, nocturnos. La música de Chopin es el máximo exponente del Romanticismo musical, capaz de expresar los más opuestos sentimientos, desde la más desgarradora melancolía de sus nocturnos hasta las más fogosas manifestaciones del espíritu patriótico de sus polonesas. Es conocida la estancia de Chopin en la Cartuja de Valldemosa, en la isla de Mallorca (invierno de 1838-1839), donde pensaba hallar alivio para su tuberculosis, enfermedad de la cual murió, en París.

choque *(Léx.)* Acción de encontrarse, violenta y bruscamente, dos cosas, una contra la otra.

chorizo *(Léx.)* Embutido preparado con carne de cerdo picada y condimentada con sal y pimentón.

chorlito *(Zoo.)* Ave de patas altas de unos 25 cm de longitud, con pico recto, largo y delgado y plumas verdes con manchas doradas; anida en las orillas de los ríos.

chubasco *(Léx.)* Aguacero que se acompaña de viento.

chufa *(Bot.)* Planta húmeda que presentan tubérculos de un centímetro de largo, blanco y de sabor dulce, con los que se prepara la horchata.

Churchill, sir Winston *(Hist.)* (1874-1965) Político británico, miembro del partido conservador, que tras una larga carrera política llegó a ser primer ministro en 1940. Gran estadista, firmó con los países aliados la victoria sobre Alemania. Escribió un libro: ''Memorias de la guerra'' que le supuso ganar el Premio Nobel de literatura en 1953.

Dd

d *(Leng.)* Quinta letra del abecedario español y cuarta de las consonantes. // *(Mat.)* En la numeración romana equivale al valor de quinientos. // *(Léx.)* Abreviatura de don.

Dacca o Dhaka *(Geog.)* Capital de Bangla-Desh, situada a orillas del río Ganges con una población de cerca de 1.700.000 hab.

dactiloscopia *(Léx.)* Método por el cual se identifican las personas estudiando sus huellas digitales.
En la actualidad, en todas las comisarías de policía se utiliza el estudio de las huellas digitales para identificar a los criminales. Sin embargo, es un método relativamente moderno ya que hasta 1894 no se conocía. El artífice del descubrimiento fue el prefecto de policía francés Alphonse Bertillon.

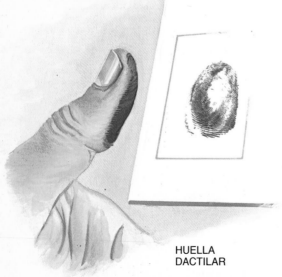

HUELLA
DACTILAR

dádiva *(Léx.)* Objeto o cosa que se da voluntariamente.

dado *(Léx.)* Pieza cúbica, de hueso, marfil, plástico, etc., que en sus caras tiene dibujados unos puntos del uno al seis y con la que se juega, lanzándolo al aire y apostando sobre el número de puntos obtenidos en cada jugada.

dador *(Léx.)* Jugador que reparte las cartas y, en general, todo aquel que entrega algo.

daga *(Léx.)* Arma de mano con una hoja corta, ancha y puntiaguda.

DAGA

daguerrotipo *(Arte)* Sistema para fijar las imágenes de una cámara oscura sobre una plancha de metal sensibilizada con vapores de yodo.
El daguerrotipo fue inventado por el francés Jacques Daguerre en 1839 y es el antecedente directo de la moderna fotografía.

Dahomey *(Geog.)* República independiente de África que desde diciembre de 1975 se conoce como República Popular de Benin. (Ver Benin).

Dakar *(Geog.)* Capital de Senegal situada en la península de Cabo Verde. Su población asciende a 700.000 hab. aprox. // *(Dep.)* Ciudad-objetivo del célebre rallye que lleva su nombre: París-Dakar.

Dakota *(Geog.)* Pueblo indio que ha dado nombre a un territorio de EE.UU., hoy convertido en estado.

INDIO
DAKOTA

Dalai-Lama *(Soc.)* Jefe religioso de los budistas del Tíbet.
Es interesante saber que los poderes del Dalai-Lama, según las creencias budistas, se basan en el hecho de ser considerado la reencarnación de una divinidad que tiene el complicado nombre de Avalokiteshvara.

Dalí, Salvador *(Arte)* (n. 1904) Pintor español. Su obra pictórica es muy importante, habiendo sido expuesta en toda Europa y América, y adquirida por los principales museos. Es un claro representante del su-

SALVADOR
DALÍ

rrealismo. *La cesta del pan; Muchacha asomada a la ventana; Bodegón; Retrato de Paul Elvard; La madona de Port-Lligat; A la búsqueda de la cuarta dimensión;* etc., son los títulos de algunos de sus cuadros famosos. Una buena parte de su obra se encuentra en el Museo-teatro Dalí de Figueras, su ciudad natal.

dalia *(Bot.)* Planta de raíces tuberculosas y hojas opuestas, divididas en cinco o más hojuelas ovaladas y dentadas, con flores de muchos pétalos y variados colores que se usa para ornamentación.

DALIA

daltonismo *(Fisiol.)* Defecto o anomalía de la vista por el que no se perciben o se confunden los colores, sobre todo el rojo y el verde. El daltonismo afecta al 8 % de los hombres y al 0,5 % de las mujeres. Generalmente, es hereditario.

dama *(Léx.)* Mujer de clase social elevada o noble. // *(Dep.)* Pieza llamada también reina, que se utiliza en el juego de ajedrez y que, en el juego de damas, corresponde al peón que es coronado.

Damasco *(Geog.)* Capital de Siria con una población de 940.000 hab. aproximadamente. Es una ciudad comercial política, intelectual y religiosa. Hace algunos siglos, fue el centro del mundo árabe, capital del Imperio Omeya y de la cultura islámica.

damnificar *(Léx.)* Acción de producir un daño a objetos, cosas o personas.

Dante Alighieri *(Lit.)* (1265-1321) Poeta italiano, considerado uno de los más grandes de todos los tiempos, autor de ''La Divina Comedia'' obra poética en la que expone su vida y todo su pensamiento religioso y humanístico a través de tres cantos que narran una imaginaria visita del poeta al Infierno, Purgatorio y Paraíso.

DANTE ALIGHIERI

dantesco *(Léx.)* Relativo a algo grande, tremendo y espantoso. // *(Lit.)* Referente a la obra de Dante.

Danubio *(Geog.)* Río de Centroeuropa, el segundo por su longitud: 2.850 km. Navegable a través de Austria, Checoslovaquia, Hungría, Yugoslavia, Rumania, Bulgaria y la URSS. Desemboca en el mar Negro después de recoger el agua de más de 300 afluentes.

DANZA TÍPICA DE LA ISLA DE BALI

danza *(Arte)* Baile que se ejecuta con una serie de pasos fijos relacionados con un determinado ritmo y compás musical.

dañino *(Léx.)* Que hace daño. Se usa comúnmente al hablar de animales.

daño *(Léx.)* Perjuicio que sufre física o anímicamente una persona, objeto o cosa.

dar *(Léx.)* Ofrecer, entregar una cosa, dar algo a otro gratuitamente.

Dardanelos *(Geog.)* Estrecho que separa Asia Menor de Europa y que une el mar de Mármara con el mar Egeo.

dardo *(Léx.)* Arma pequeña y delgada, intermedia entre flecha y jabalina, que se lanza con la mano.

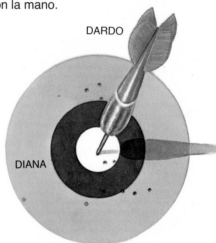

DARDO

DIANA

dársena *(Léx.)* Parte resguardada en un puerto, donde se realiza la carga y descarga de embarcaciones.

Darwin, Charles *(Hist.)* (1809-1882) Naturalista británico que publicó ''El origen de las especies'', libro en el que exponía su teoría sobre la evolución de todos los seres vivos por medio de una selección natural que lleva a la supervivencia del más apto. De 1831 a 1836, a bordo del Beagle, viajó por diversas islas del Atlántico y del Pacífico, y visitó las costas de América del Sur. La gran cantidad de información botánica, zoológica y geológica que obtuvo, fue la base de sus estudios posteriores.

darwinismo *(Biol.)* Teoría expuesta por el naturalista Charles Darwin que explica que la evolución de los seres vivos se debe a una selección natural entre ellos, cuyo fin es mantener viva la especie.

CHARLES
DARWIN

datar *(Léx.)* Acción de escribir una fecha. *P. ej.,* ***datar*** *un documento.*

dátil *(Bot.)* Fruto comestible de la palmera, con una fina piel amarilla, carne blanquecina y hueso duro. Es muy azucarado y nutritivo. // *(Zoo.)* Molusco bivalvo comestible, parecido en color y forma al dátil.

PALMERA
DATILERA

DATILES

dato *(Léx.)* Información necesaria para completar el conocimiento de algo o que permite seguir un razonamiento. *P. ej. "En el informe figuraban todos los* ***datos*** *del accidente". // (Mat.)* Cada uno de los elementos que se citan para poder resolver un problema. *P. ej. "No pudo resolver el problema por falta de* ***datos.***"

David, rey *(Hist.)* (1010 a 970 a.C.) Segundo rey de los hebreos; reinó en toda Pales-

tina, hizo de Jerusalén su capital y llegó a dominar un pequeño imperio. Se le considera como un gran poeta autor de gran número de salmos, recopilados en el Antiguo Testamento en el llamado Libro de los Salmos.

DDT *(Quím.)* Siglas que identifican un potente insecticida, cuyo nombre químico es diclorodifeniltriclororetano.

Pero éste, el DDT, entraña también riesgos, cuyo alcance aun se desconoce, derivados del hecho de que su concentración aumenta al pasar de un animal a otro. Supongamos que en el agua hay 0,00005 mg/l de DDT; en el plancton habrá 0,04 mg.; en los peces que comen plancton 0,23 mg; en otro pez que ingiere a uno de estos peces inferiores, 1,28 mg., etc. También los mamíferos (el hombre entre ellos) forman parte de esta cadena, de modo que en nuestros tejidos puede haber cierta concentración de DDT.

de *(Leng.)* Preposición que expresa posesión, modo, procedencia o materia. *P. ej., el reloj* ***de*** *mi abuelo; juega* ***de*** *maravilla; vengo* ***de*** *casa; pastel* ***de*** *chocolate.*

deambular *(Léx.)* Pasear, andar con parsimonia de un lado para otro sin un destino fijo. Precisamente, el pasillo que rodea el altar mayor de las catedrales, se llama deambulatorio.

debajo *(Leng.)* Adverbio de lugar que expresa posición inferior respecto de otro. *P. ej. "Está* ***debajo*** *de mi cama."*

debate *(Léx.)* Tratamiento de un tema por varias personas con distintos puntos de vista y opiniones.

debe *(Léx.)* En las cuentas corrientes, una de las partes donde se indican las cantidades que se van extrayendo de dicha cuenta.

deber *(Léx.)* Obligación del hombre a actuar según los principios de la moral, la justicia y la propia conciencia.

débil *(Léx.)* Que tiene poca fuerza o vitalidad.

debut *(Léx.)* Primera representación o estreno de una obra de teatro.

década *(Léx.)* Serie de diez, que según el nombre que acompañe serán días, años, *P. ej. La primera* **década** *de febrero es lo mismo que decir los diez primeros días de dicho mes.*

decadencia *(Léx.)* Debilidad, desintegración y ruina de un estado, sociedad, cultura o individuo.

decaedro *(Mat.)* Cuerpo geométrico formado por diez caras o polígonos.

DECAEDRO

DESARROLLO
DE UN DECAEDRO

decágono *(Mat.)* Polígono de diez lados y, lógicamente, con 10 ángulos.

DECÁGONO
REGULAR

decálitro *(Fís.)* Medida de capacidad que vale diez litros. Su nombre proviene de *deca* (diez, en griego) y litro. 1 Dl = 10 l.

decálogo *(Soc.)* Los diez mandamientos que Dios dio a Moisés escritos en una tabla de piedra, en el monte Sinaí, y sobre los

que se basa la religión y la moral judeo-cristiana.

Decamerón *(Lit.)* Colección de narraciones y relatos escritos por Boccaccio y que constituyen una de las obras literarias más importantes del Renacimiento italiano.

decano *(Léx.)* Persona que dirige una facultad universitaria o un colegio profesional. En un principio el decano se elegía, en las Universidades, entre los profesores más veteranos. Por eso, en la actualidad, la palabra decano se utiliza, en muchas ocasiones, para indicar a la persona o entidad que ejerce una actividad desde hace más tiempo. Así, *p. ej., el* **decano** *de los periódicos españoles es el Diario de Barcelona que apareció por primera vez en octubre de 1792 y que, a pesar de sus desapariciones esporádicas, aún se publica.*

decantar *(Léx.)* Inclinar con suavidad un recipiente contra otro para que caiga el líquido sin que salga el poso.

decapitar *(Léx.)* Acción de cortar la cabeza y separarla del tronco. Se empleaba en la Edad Media para ajusticiar a los reos.

decápodo *(Zoo.)* Crustáceo que posee diez patas, como el cangrejo de mar, la langosta, el bogavante, etc.
Algunos crustáceos llegan a vivir bastantes años. Se conocen ejemplares de langosta americana que han alcanzado los 50 años de edad.

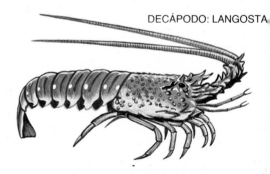

DECÁPODO: LANGOSTA

decathlón *(Dep.)* Prueba de atletismo que comprende diez especialidades diferentes: carreras de 100 m, 400 m, 1.500 m, y 110 m vallas; saltos de altura, longitud, y con pértiga; lanzamientos de peso, disco y jabalina.

DOS PRUEBAS DE DECATHLÓN

SALTO DE ALTURA

LANZAMIENTO DE JABALINA

Deccán *(Geog.)* Meseta de forma triangular situada en la parte central de la India.

decena *(Mat.)* Agrupación de diez unidades.

decencia *(Léx.)* Manifestación de aseo, compostura y buen trato con uno mismo y para con los demás, por respeto a las buenas costumbres y a las normas sociales.

decenio *(Léx.)* Plazo de tiempo que comprende diez años.

decepción *(Léx.)* Sensación de desilusión que se siente cuando sucede lo contrario de lo que se esperaba o cuando sucede de modo distinto al previsto.

decibel *(Fís.)* Unidad de sensación sonora que equivale a una décima parte del bel. El decibel también puede llamarse decibelio.

decidir *(Léx.)* Determinar la voluntad de hacer una cosa u otra.

décima *(Fís.)* En un termómetro clínico, la décima parte de un grado. *P. ej. Está a una temperatura de 37° y 5 décimas.* // *(Mat.)* Cada una de las diez partes iguales en que podemos dividir un todo. // *(Lit.)* Composición poética formada por diez versos de ocho sílabas cada uno que también se lla-

ma espinela por haber sido inventada por Vicente Espinel.

decimal *(Mat.)* Sistema métrico de pesos y medidas cuyas unidades derivadas son múltiplos o divisores de diez, con respecto a la unidad fundamental de cada clase. El Sistema Métrico Decimal fue adoptado por todos los países del mundo el 7 de abril de 1795, como el único que se utilizaría para medir en sus territorios. Los únicos que no firmaron el acuerdo fueron Gran Bretaña, Irlanda, Canadá y Estados Unidos, donde todavía hoy se emplean otras unidades métricas (millas, pulgadas, etc.)

decímetro *(Fís.)* Medida de longitud que equivale a una décima parte del metro.

décimo *(Mat.)* Que en orden sigue al noveno. // *(Léx.)* Décima parte de un billete de lotería.

decir *(Léx.)* Expresar con palabras lo que se piensa.

decisión *(Léx.)* Acto por el cual se toma una determinación.

declamar *(Arte)* Arte de hablar o de recitar en voz alta con una entonación y unos gestos precisos y acordes al texto.

declaración *(Léx.)* Manifestación clara y precisa de aquello que se conoce o se sabe. *P. ej. "El testigo hizo su declaración de lo ocurrido."*

declinación *(Astron.)* Distancia angular entre un astro o un punto del cielo y el Ecuador. // *(Leng.)* Las diferentes formas que toman los nombres, adjetivos y pronombres según la función que desempeñan en la oración. // *(Fís.)* **Declinación magnética.** Ángulo que forma la dirección al Norte geográfico y aquella que señala la aguja magnética de la brújula, que señala el Norte magnético. El Norte geográfico no coincide exactamente con el Norte magnético.

declive *(Léx.)* Inclinación, en cuesta o pendiente, de un terreno o de una superficie.

decoración *(Léx.)* Acción y efecto de adornar y hermosear una cosa con los elementos necesarios para embellecerla.

ESCENARIO

DECORADO PARA UNA OBRA DE AMBIENTE TAURINO

decorado *(Léx.)* Parte importante, en una obra teatral o en una película, que sitúa el lugar de la escena mediante telones, bambalinas, papel pintado, etc.

El arte del montaje de la escena teatral es relativamente moderno. En Grecia y Roma, por ejemplo, no existían decorados teatrales. Fue a partir del Renacimiento, con el descubrimiento de las leyes de la perspectiva, que el espacio escénico, principalmente en la ópera, se enriqueció con decorados cada vez más veristas, hasta llegar al s. XIX en que la escenografía alcanza una extraordinaria perfección; en España, de la mano del gran escenógrafo Soler y Rovirosa.

decoro *(Léx.)* Respeto y honor que se ofrece a una persona que tiene una categoría social determinada.

decrecer *(Léx.)* Reducir, disminuir, menguar.

decrépito *(Léx.)* Que presenta un lamentable estado y una decadencia avanzada.

decreto *(Léx.)* Decisión tomada por la autoridad (gobierno, juez, etc.) sobre un tema de su competencia. // *(Léx.)* **Decreto Ley.**
Decreto que dicta el gobierno y que obliga a toda la nación.

decúbito *(Léx.)* Posición de echado en un plano horizontal.

decurión *(Hist.)* En el ejército romano, jefe de una decuria o escuadra formada por diez soldados.

dechado *(Léx.)* Modelo, ejemplo, muestra que se tiene presente para imitar. *P. ej. "Menéndez y Pelayo fue un **dechado** de cultura."*

dedal *(Léx.)* Utensilio en forma de cono truncado y hueco, que sirve para resguardar el dedo cuando se empuja la aguja para coser.

DEDAL

dedicación *(Léx.)* Cuidado y esmero en la realización de un trabajo.

dedicar *(Léx.)* Destinar algo a una persona como obsequio. *P. ej., **dedicar** una canción a la madre.* // *(Léx.)* Ofrecer al culto de Dios o de los santos alguna cosa. *P. ej., **dedicar** una plegaria a Santa Bárbara.*

dedil *(Léx.)* Funda de cuero o de otro material que se pone en el dedo para que no se lastime o se ensucie, en ciertos trabajos.

dedo *(Anat.)* Cada una de las prolongaciones articuladas con que terminan las manos y los pies en los hombres y en algunos animales, y que, generalmente, están formadas por tres falanges.

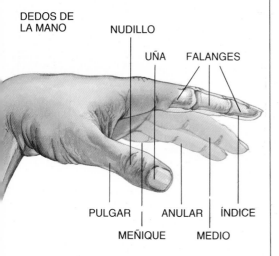

DEDOS DE LA MANO
NUDILLO
UÑA FALANGES
PULGAR ANULAR ÍNDICE
MEÑIQUE MEDIO

deducir *(Léx.)* A partir de un razonamiento, sacar una conclusión sobre algo. *P. ej. "De todas las pruebas la policía **dedujo** que fue un asesinato."* // *(Léx.)* Restar o descontar una parte de una cantidad.

defecación *(Léx.)* Acción por la cual se quitan las heces o inmundicias de un determinado sitio. // *(Fisiol.)* Expeler los excrementos.

defecto *(Léx.)* Falta de todas o algunas de las cualidades propias para que una cosa sea correcta.

defender *(Léx.)* Progeger y mantener íntegro algo o a alguien.

defensa *(Léx.)* Arma u otra cosa con que uno se defiende. // *(Dep.)* Jugador que defiende la portería o meta de su equipo.

defensiva *(Léx.)* Situación en que se halla aquel que defiende sin atacar. *P. ej. "Toda la guarnición estaba a la **defensiva**."*

deferencia *(Léx.)* Atención, respeto y cortesía para con una persona.

deficiencia *(Léx.)* Falta o defecto de una cosa.

déficit *(Léx.)* Parte que falta para conseguir un nivel satisfactorio. *P. ej., para mantener la salud, es necesario tomar alimentos con proteínas y vitaminas para evitar un **déficit** de estas sustancias. "Cerró el negocio con un **déficit** de varios millones."*

definición *(Léx.)* Conjunto de palabras que explican con claridad algún concepto, cosa u objeto, indicando sus características y cualidades. // *(Fís.)* Poder de una lente para proporcionar imágenes nítidas y sin deformaciones. *P. ej. "Usaba un microscopio de alta **definición**."*

definir *(Léx.)* Precisar el significado de una palabra, la construcción material de una cosa o la naturaleza de una persona. *P. ej. "El entrenador **define** a sus jugadores como hombres fuertes y buenos deportistas."* // *(Arte)* En la pintura, acabar una obra de modo que se reproduzcan con claridad todos los detalles del modelo.

definitivo *(Léx.)* Aquello que es resultado de una decisión pensada y razonada.

deflación *(Léx.)* Reducción de la cantidad de moneda que circula en un país, por orden de su gobierno.

deformación *(Léx.)* Acto de modificar una cosa en su forma, alterando y transformando su estado primitivo.

defraudar *(Léx.)* Engañar a alguien para tomarle aquello que le corresponde.

degeneración *(Léx.)* Proceso por el cual se pasa de un estado a otro peor, perdiendo todas o muchas de las cualidades originarias.

deglutir *(Fisol.)* Ingerir, tragar los alimentos.

¿Has pensado, en alguna ocasión, cómo llegan los alimentos hasta el estómago? Pues es gracias a que en el esófago existen millares de fajas musculosas que se contraen una después de otra, desde la garganta hasta el estómago, en una serie de movimientos llamados ondas peristálticas, que empujan hacia abajo el bolo alimenticio.

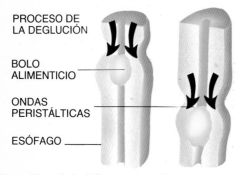

PROCESO DE
LA DEGLUCIÓN

BOLO
ALIMENTICIO

ONDAS
PERISTÁLTICAS

ESÓFAGO

degollar *(Léx.)* Cortar el cuello o la garganta a personas o animales.

degradación *(Léx.)* Humillación que recibe una persona perdiendo las dignidades y honores que posee. *P. ej.,* **degradar** *a un capitán.*

dehesa *(Léx.)* Tierra o terreno limitado y custodiado, que se usa para que paste el ganado.

DEHESA CON
RESES BRAVAS.

REPRESENTACIÓN
DEL DIOS ARES

deidad *(Léx.)* Ser que posee atribuciones divinas.

Las deidades de las antiguas mitologías (como Ares, el dios griego de la guerra, p. ej.) son innumerables. Sólo en la mitología griega se cuentan veintidós divinidades o dioses superiores, más de treinta deidades menores y otros tantos semidioses y héroes que llenaban el Olimpo o morada de los dioses.

dejadez *(Léx.)* Abandono del cuidado personal del aseo y estado de ánimo.

dejar *(Léx.)* Acción de poner algo en un sitio. *P. ej.,* **dejar** *el jarrón en la mesa.* // *(Léx.)* Abandonar o alejarse de algo o alguien. *P. ej.,* **dejar** *el campamento.* // *(Léx.)* Dar una cosa a otra persona por ausencia o testamento. *P. ej.,* **dejar** *sus tierras.* // *(Léx.)* Prestar alguna cosa. *P. ej.,* **dejar** *el coche;* **dejar** *el jarrón en la mesa;* **dejar** *el campamento;* **dejar** *sus tierras.*

del *(Leng.)* Contracción gramatical que se forma al unirse el artículo el con la preposición de: de + el = del. *P. ej., las maravillas* **del** *mundo.*

delantal *(Léx.)* Prenda de vestir que se ata a la cintura y que se usa en varios oficios para proteger el traje o la ropa personal.

delante *(Leng.)* Adverbio de lugar que expresa situación de prioridad. *P. ej. "Mi equipo va **delante** del tuyo en la competición."*

delantera *(Léx.)* Parte más avanzada; la que va al principio. // *(Dep.)* Conjunto de jugadores que atacan al equipo contrario.

delatar *(Léx.)* Descubrir y denunciar ante las autoridades al autor de un hecho delictivo.

Delaware *(Geog.)* Río de los Estados Unidos que con 406 km de recorrido, va desde los montes Appalaches hasta el Atlántico, pasando por Filadelfia y formando la extensa bahía de Delaware.

delegación *(Léx.)* Grupo de personas que actúan en representación de un número mayor y que tiene poder de decisión en nombre de una autoridad superior. *P. ej. "La **delegación** española en Australia estudió un posible contrato comercial."*

deleitar *(Léx.)* Producir alegría, entusiasmo y placer. *P. ej. "La película **deleitó** a niños y mayores."*

deletrear *(Léx.)* Pronunciar las letras de una palabra separadamente. *P. ej. casa = c,a,s,a.*

deleznable *(Léx.)* Que es frágil, débil; que se deshace con facilidad y que dura poco.

delfín *(Zoo.)* Mamífero cetáceo de dos y medio a tres m de largo, de color negro-grisáceo por encima y blanco por debajo, con una cabeza de gran volumen y una abertura nasal encima de los ojos por donde expulsa el agua que traga.
Se ha comentado en muchas ocasiones que los delfines parecen tener un lenguaje a base de pitidos o gritos estridentes que varían según el momento. No obstante, las últimas investigaciones parecen señalar que no es más que un ardid de caza, puesto que, estos sonidos de alta frecuencia, aturden a los peces que así son presa fácil para los delfines.

DELFÍN

delgado *(Léx.)* Flaco; que tiene pocas carnes.

Delhí *(Geog.)* Capital de la India con una población de 3.300.000 hab. Antiguamente fue la capital de los soberanos musulmanes (1211 a 1858). Es el centro político del país.

DELHI: MAUSOLEO DE HUMAYUN

deliberar *(Léx.)* Realizar un examen muy cuidadoso, considerando los pros y contras, antes de tomar una decisión. *P. ej. El tribunal **deliberó** sobre la inocencia o culpabilidad del acusado.*

delicadeza *(Léx.)* Trato correcto y educado con las personas y las cosas.

delicia *(Léx.)* Aquello que causa placer y gozo al ánimo y a los sentidos.

delincuencia *(Léx.)* Infracciones, delitos o crímenes cometidos por un grupo social determinado. *P. ej. "El gobierno está preocupado por la **delincuencia** infantil."*

delineante *(Léx.)* Persona experta en el dibujo de los planos de proyectos ideados, generalmente, por otro profesional (arquitecto o ingeniero).

delinquir *(Léx.)* Cometer un delito.

delirar *(Léx.)* Decir o hacer cosa que son disparates a causa de una enfermedad física o mental.
Merece una mención especial el llamado «delirium tremens» (delirio tembloroso) que suelen sufrir los alcohólicos crónicos, experiencia terrible que puede conducir a la muerte.

delito *(Léx.)* Acción que va en contra de las leyes establecidas en la sociedad y que se sanciona con una multa, la cárcel, etc.

DELTA

delta *(Geog.)* Zona de la desembocadura de un río, en forma de triángulo, donde se depositan los sedimentos que éste transporta y que la marea no arrastra, originando extensiones irregulares de tierras arenosas. // *(Soc.)* Cuarta letra del alfabeto griego. // **Ala delta** *(Dep.)* Aparato planeador de forma triangular, sin otra propulsión que el viento y la acción del hombre.
El delta mayor del mundo es el que forman los ríos Ganges y Brahmaputra en Bangla-Desh y Bengala Occidental. Tiene una extensión de 75.000 km².

deltoides *(Anat.)* Músculo del hombro, de forma triangular, situado desde la clavícula al omoplato, su vértice se inserta en la parte superior y externa del húmero. Sirve para elevar el brazo, separándolo del tronco y llevándolo hacia adelante o hacia atrás.

DELTOIDES

demacrado *(Léx.)* Dícese del que ha adelgazado muchísimo, por desnutrición u otra causa.

demagogia *(Léx.)* Acción de convencer y conseguir el respaldo de las gentes, con fines políticos, mediante discursos con falsas verdades y promesas que no podrán cumplirse.

demanda *(Léx.)* Petición, solicitud para conseguir algo o para hacer reconocer un derecho justo.

demarcación *(Léx.)* Límites que comprenden los diferentes territorios de una comarca, región, etc.

demás *(Leng.)* Adjetivo y pronombre que, precedido de los artículos lo, la, los, las, significa lo otro, la otra, etc. *P. ej., vinieron todos los demás, equivale a vineron todos los otros.*

demasía *(Léx.)* Indica exceso, abundancia e incluso abuso. *P. ej. "Fumar en demasía es muy perjudicial."*

demencia *(Léx.)* Pérdida de la razón o disminución de las facultades mentales.

democracia *(Soc.)* Forma de gobierno de un país mediante el cual el pueblo elige a sus representantes para que, en su nombre, ejerzan el derecho soberano de gobernar.

demografía *(Soc.)* Ciencia que estudia las poblaciones con todas sus variaciones y cambios.

demoler *(Léx.)* Derribar, destruir una cosa. *P. ej., demoler un edificio en ruinas.*
Actualmente las grandes demoliciones se realizan con técnicas adecuadas a cada caso. Para demoler un gran edificio, por ejemplo, suelen utilizarse cargas explosivas estratégicamente situadas.

demonio *(Léx.)* En varias religiones, ángel rebelde o espíritu maléfico que, en ocasiones, se toma como la personificación de un determinado vicio, o al que se considera la causa de su presencia en el mundo. *P. ej. El demonio del egoísmo.*

demora *(Léx.)* Tardanza en el cumplimiento de una cosa. *P. ej. "El tren llega con una demora diez minutos."*

EFIGIE DE
DEMÓSTENES

Demóstenes *(Hist.)* Orador y político de Atenas, en la antigua Grecia (384 a 322 a.C.), que ha pasado a la historia por sus magníficos discursos.
Se asegura que Demóstenes era tartamudo y que consiguió dominar su defecto realizando ejercicios de dicción con una serie de pequeñas piedras metidas en la boca. Fuese cual fuese el sistema, lo que nadie puede negar es su admirable fuerza de voluntad ya que, a pesar de su problema, llegó a ser uno de los grandes oradores de la historia.

DEMOLICIÓN CON EXPLOSIVOS

demostración *(Léx.)* Acción de probar una verdad que estaba en duda. *P. ej. "El profesor de matemáticas nos hizo la demostración que permite afirmar que los tres ángulos de un triángulo suman 180.°"*

demostrativo *(Leng.)* Ajetivo que sitúa al sustantivo en un espacio determinado en relación al que habla. Son: este, esta, estos, estas, eses, esa, esos, esas, aquel, aquella, aquellos, aquellas. *P. ej. "Este libro es mío (el que está en la mesa)"*. También ejerce funciones de pronombre, cuando sustituye al nombre.

demudar *(Léx.)* Cambiar y alterar una cosa.

dendrita *(Biol.)* Cada una de las prolongaciones ramificadas del citoplasma de las células nerviosas.

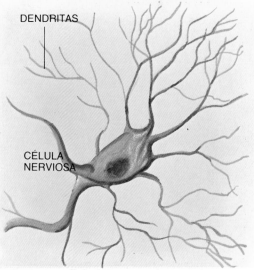

DENDRITAS

CÉLULA NERVIOSA

denegar *(Léx.)* No conceder aquello que se pide o solicita, generalmente mediante documento escrito. *P. ej. "El director decidió denegar aquella solicitud de ingreso."*

denigrar *(Léx.)* Ofender hasta el punto de hacer perder la buena fama u opinión de una persona o cosa.

denodado *(Léx.)* Que es esforzado y atrevido en su tarea o actividades.

denominación *(Léx.)* Nombre dado a una cosa o persona según sus características; acción de dar el nombre.

denominador *(Mat.)* Elemento de una fracción que nos indica en cuantas partes se divide la unidad. *P. ej. En la fracción 1/25, el denominador es 25, e indica que la unidad ha sido dividida en 25 partes iguales.*

denotar *(Léx.)* Advertir, anunciar, señalar. *P. ej. "Estas nubes denotan tormenta."*

densidad *(Fís.)* Cantidad de masa contenida en cada unidad de volumen. Viene definida por la fórmula $d = \dfrac{m}{v}$ y la unidad es el gr/cm^3.

densímetro *(Fís.)* Pequeña boya graduada para medir la densidad de los líquidos.

dentadura *(Anat.)* Conjunto de todos los dientes, muelas, y colmillos del hombre o de un animal.

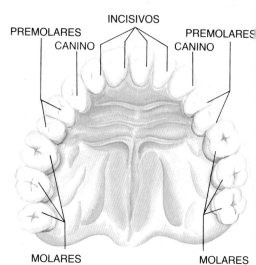

INCISIVOS
PREMOLARES
CANINO
PREMOLARES
CANINO
MOLARES
MOLARES
DENTADURA DEL MAXILAR SUPERIOR

dentellada *(Léx.)* Marca que queda sobre una superficie después de morderla.

dentera *(Léx.)* Sensación desagradable que se produce en los dientes y en las encías cuando se comen o se ven ciertas cosas, o se oyen ruidos molestos.

dentición *(Fisiol.)* Epoca durante la cual a los niños les salen y crecen los dientes, así como el conjunto de síntomas y molestias que se producen por este motivo.

dentífrico *(Léx.)* Substancia, generalmente pastosa, que se utiliza para limpiar los dientes frotando con un cepillo.

dentina *(Anat.)* Capa del tejido fundamental que recubre el diente, llamado también marfil.

DENTÓN O
PEZ ESPADA

dentón *(Zoo.)* Nombre que también recibe el pez espada.

dentro *(Leng.)* Adverbio de lugar que nos indica que una cosa está en el interior de otra. *P. ej. "El anillo está **dentro** de la caja."*

denuedo *(Léx.)* Valor, audacia, intrepidez, brío, esfuerzo. *P. ej., luchar con **denuedo**, trabajar con **denuedo**, etc.*

denuesto *(Léx.)* Insulto u ofensa que se puede hacer a una persona o a un grupo, hablando o por escrito.

denuncia *(Léx.)* Declaración, de palabra o escrita, que se hace a una autoridad de que se ha hecho algo en contra de la ley. // *(Léx.)* Documento donde queda, por escrito, la declaración realizada.

deontología *(Léx.)* Ciencia o tratado de los deberes y obligaciones que debe cumplir un profesional de una determinada rama. *P. ej. la **deontología** médica, se referirá a las reglas que deben tener en cuenta los médicos en sus relaciones con los enfermos y con sus colegas.*

deparar *(Léx.)* Ofrecer, suministrar, presentar, otorgar alguna cosa.

departamento *(Léx.)* Cada una de las partes en que se divide una casa, un edificio u otro espacio cerrado. // *(Geog.)* Partes en que se divide el territorio de un país. // *(Soc.)* Ministerio o sección administrati-va. *P. ej. **Departamento** de Guerra, de Hacienda, etc.* // *(Léx.)* Conjunto de puestos de un gran almacén que se dedican a la venta del mismo tipo de género.

departir *(Léx.)* Hablar o conversar sobre un tema concreto. *P. ej., **departir** sobre política.*

depauperar *(Léx.)* Dejar en la miseria o en la pobreza. Arruinar. // *(Léx.)* Quitar a las personas todos los medios económicos y cosas necesarias para poder subsistir y seguir viviendo.

dependencia *(Léx.)* Subordinación. Que no puede seguir adelante si no recibe ayuda continuamente. // *(Léx.)* Conjunto de empleados o dependientes de una tienda o comercio. // *(Léx.)* Oficina o cualquier otra cosa que está bajo las órdenes de otra. // *(Léx.)* Cada una de las habitaciones de que consta un edificio grande.

dependiente *(Léx.)* Que depende de alguien o de algo. // *(Léx.)* Empleado de comercio.

depilar *(Léx.)* Arrancar o hacer caer el vello de ciertas zonas del cuerpo, como el de los brazos, piernas o axilas.

deplorable *(Léx.)* Lamentable. Que da mucha pena o que inspira compasión. *P. ej. "La situación de esta casa es **deplorable**; todo está en ruinas."*

deponer *(Léx.)* Dejar, separar, apartar de sí. *P. ej. "Aquel razonamiento le obligó a **deponer** su actitud."* // *(Léx.)* Bajar una cosa de donde estaba. // *(Léx.)* Hacer que alguna persona que ocupaba un cargo importante, lo abandone. Destituir. *P. ej. **Deponer** la corona significa que un rey abandona su autoridad y su trono.* // *(Léx.)* Deponer las armas: rendirse o cesar la lucha.

deportar *(Léx.)* Castigar o condenar a un reo llevándolo a un territorio lejano de allí donde vivía o residía. Se aplica a personas que se consideran peligrosas para el bienestar del resto de la sociedad o la comunidad. Una deportación obedece, generalmente, a cuestiones políticas.

deporte *(Léx.)* Juego o ejercicio físico. Generalmente se realiza al aire libre o en espacios muy amplios.

Los orígenes del deporte son muy confusos. Para muchos autores, el hombre transformó en juego situaciones cotidianas cuando éstas ya no eran imprescindibles para su supervivencia. Así, por ejemplo, podemos suponer que cuando ya se había descubierto la agricultura, y la caza no era la única forma posible de vida, el arco y las flechas se convirtieron en un medio de competición y, por tanto, de diversión. No obstante, los descubrimientos arqueológicos nos dan alguna idea de cuándo y cómo se comenzó a practicar deporte: se han encontrado unos murales fechados en el año 2050 a.C. en los que aparecen unas muchachas jugando a la pelota, y otros anteriores (hacia el 2700 a.C.), con escenas de lucha.

depósito *(Léx.)* Recipiente en donde se almacena agua u otro líquido. // *(Léx.)* Lugar donde se guardan, almacenan o se ponen cosas. *(Lex.)* **Depósito mercantil.** Conjunto de mercaderías que se entregan a un comerciante que se responsabiliza de ellas hasta su venta.

depravado *(Léx.)* Persona viciosa y pervertida, sin límites en sus malas costumbres.

depreciación *(Léx.)* Rebajar o disminuir el precio o el valor de una cosa. Abaratar, desvalorizar, devaluar.

ANIMAL DEPREDADOR: ZORRO

depredar *(Léx.)* Robar y saquear con violencia, destrozándolo todo. *P. ej. Se denomina animal **depredador** a aquel que devora y destroza a los otros seres que caza.* Uno de los mayores depredadores que existen es la hormiga conductora o batidora africana. Marchan en filas de 5 y cuando un obstáculo bloquea su camino, forman una compleja cadena para superarlo. Se alimentan de cucarachas, serpientes, ganado e incluso gorilas o animales heridos.

DEPORTE

ESQUÍ: SALTOS

ATLETISMO: CARRERA CON VALLAS

GIMNASIA: ANILLAS

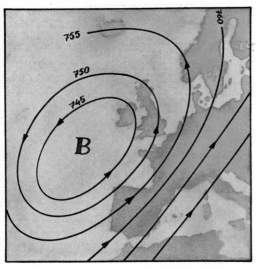

MAPA DE ISOBARAS INDICANDO UNA DEPRESION

depresión *(Geog.)* Parte de una superficie o terreno que queda hundido respecto al resto del mismo. Puede ser un hundimiento natural o artificial. // *(Fisiol.)* Estado de ánimo en el que sólo se siente tristeza y abatimiento. // *(Fís.)* Area o región en la que se ha producido un descenso de la presión atmosférica. Las depresiones atmosféricas suelen llevar lluvias y mal tiempo: vientos y tempestades, etc.
La depresión geográfica más grande del mundo es la cuenca del Mar Caspio: 518.000 Km². La más profunda está en la Antártida a 2.538 m bajo el nivel del mar.

deprimido *(Léx.)* Se dice del que tiene el ánimo decaído. // *(Soc.)* Se dice de la región cuyo nivel económico es inferior al del resto de la nación.

depurar *(Léx.)* Sacar las impurezas de alguna cosa. *P. ej., **depurar** el agua, o la sangre.* // *(Léx.)* Echar de un partido político o de una organización a todas aquellas personas que no se consideran apropiadas o dignas de pertenecer a ella.

Derby, gran *(Dep.)* Gran carrera de caballos que desde 1780 se celebra en la localidad británica de Epsom. Desde hace algún tiempo también se llama un derby a todo encuentro deportivo entre rivales tradicionales *P. ej., el **derby** del fútbol español entre el Real Madrid y el Fútbol Club Barcelona.*

derecha *(Léx.)* Que se encuentra en el lado opuesto al izquierdo. En el cuerpo humano se sitúa en el lado contrario al corazón. // *(Soc.)* Comunidad política de un país que sigue ligada a sus tradiciones y privilegios.

derecho *(Léx.)* Que está recto, o en línea recta. // *(Soc.)* Conjunto de leyes que dicta una sociedad para ser regida o gobernada. // *(Léx.)* Carrera universitaria donde se estudian dichas leyes. // *(Soc.)* Facultad que tiene el hombre para exigir aquello que la ley determina en su favor. *P. ej., tener **derecho** a exigir un salario justo.*

BALONMANO

AUTOMOVILISMO: FÓRMULA 1

derechura *(Léx.)* Nombre que se da a lo que tiene la cualidad de ser derecho. // *(Léx.)* **En derechura.** Ir por el camino recto.

deriva *(Léx.)* Cambio o desvío del rumbo de un barco o de una aeronave debido al efecto del viento o de una corriente.

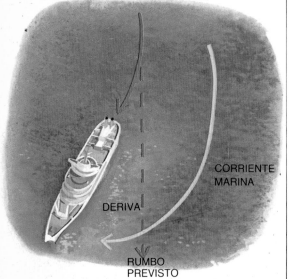

DERIVA

CORRIENTE MARINA

RUMBO PREVISTO

derivación *(Leng.)* Procedimiento para formar una palabra nueva, añadiendo, quitando o intercambiando letras de otra palabra a la que llamamos primitiva. *P. ej., la palabra solar se ha formado, por **derivación**, de la palabra Sol.*

derivado *(Leng.)* Palabra que procede de otra. *P. ej., sombrío es un **derivado** de sombra.* // *(Quím.)* Producto o sustancia que se obtiene de otro.

derma *(Biol.)* Prefijo griego que significa piel, con el cual empiezan muchas palabras científicas que a ella se refieren.

dermatitis *(Fisiol.)* Inflamación de la piel debida a diversas causas, tanto internas como externas.

dermatología *(Fisiol.)* Especialidad médica que estudia las enfermedades de la piel.

dermatosis *(Fisiol.)* Término con el cual los médicos y biólogos se refieren a cualquier enfermedad de la piel.

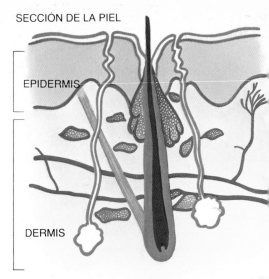

SECCIÓN DE LA PIEL

EPIDERMIS

DERMIS

dermis *(Anat.)* Capa inferior de la piel que cubre los músculos y la carne.
Pese a su escaso grosor, la dermis, formada por tejido conjuntivo, es la que proporciona a la piel su elasticidad y resistencia y, lo que aún es más importante, en ella se encuentran las terminaciones nerviosas que nos permiten disfrutar del sentido del tacto.

derogar *(Léx.)* Modificar una disposición o una ley con otra nueva. Anular. Abolir. *P. ej. La **derogación** de la Ley Sálica durante el reinado de Fernando VII, permitió que, en España, pudieran reinar las mujeres.*

derramar *(Léx.)* Echar o verter una cosa sobre otra. Esparcir. *P. ej. "No **derrames** la leche por encima de la mesa."*

derrame *(Léx.)* Líquido que sale de un recipiente o de una vasija rota. Salida de dicho líquido. // *(Léx.)* Corte en forma oblicua de la pared en una puerta o ventana para que ésta pueda abrirse mejor o para que entre más luz. // *(Fisiol.)* Salida o acumulación de un líquido orgánico, como la sangre, debida a la rotura de alguno de los conductos (vasos sanguíneos) por los que circula.

derrapar *(Léx.)* Patinar a resbalar las ruedas de un vehículo cualquiera sin que éste avance. *P. ej. "Debido a la humedad del firme, el camión empezó a **derrapar** hacia la derecha."*

derredor *(Léx.)* Entorno de alguna cosa. Alrededores.

derrengado *(Léx.)* Lo que está torcido o más inclinado de un lado que del otro. // *(Léx.)* Estar muy cansado.

derretir *(Léx.)* Convertir un elemento sólido en líquido, por efecto del calor. *P. ej. "Hace tanto calor que se va a **derretir** la mantequilla."*

derribar *(Léx.)* Echar abajo una casa, una pared, una muralla, u otro edificio cualquiera. // *(Léx.)* Hacer caer: *P. ej., **derribar** un avión.* // *(Léx.)* Echar a tierra una res mediante la garrocha o vara que utilizan los vaqueros para tal fin.

GARROCHA

DERRIBO
DE UNA RES

derrocar *(Léx.)* Obligar a una autoridad a abandonar su cargo mediante la fuerza. Destituir, deponer. *P. ej., **derrocar** la dictadura.*

derrochar *(Léx.)* Gastar sin medida ni control todo el dinero que uno tiene. Despilfarrar. *P. ej. El juego es la forma más estúpida de **derrochar** una fortuna.*

derrota *(Léx.)* Pérdida de una batalla o una lucha. Fracaso.

derrotero *(Léx.)* Rumbo, dirección o camino que sigue un barco o cualquier otra nave y que está marcado en una carta de navegación. // *(Léx.)* Método o camino que se debe seguir para llegar a un fin.

derrotismo *(Léx.)* Tendencia de ciertas personas o grupos a infundir el desánimo o la sensación de derrota acerca del resultado de cualquier empresa iniciada.

derrubio *(Geol.)* Masa de tierra que se desmorona debido a que las aguas han desgastado de tierra y piedras su base más sólida.

derruir *(Léx.)* Derribar, destruir poco a poco, tirar al suelo un edificio. Demoler.

derrumbar *(Léx.)* Derribar, echar abajo lo que estaba construido.

derviche *(Léx.)* Monje musulmán que vive de la caridad pública. En sus principios, fueron hermitaños, pero luego se juntaron en conventos para dedicarse a la oración y al estudio. Tuvieron una gran influencia en la historia de Persia.

desabillé *(Léx.)* Nombre de origen francés que se da a las prendas de vestir que uno se pone inmediatamente después de haberse levantado de la cama. Suelen ser prendas femeninas.

desaborido *(Léx.)* Manjar o comida que no tiene sabor; que está insípida.

desabrido *(Léx.)* Se dice de algo que es insípido o de mal gusto. // *(Léx.)* Persona difícil de tratar, de mal carácter. Huraño. Hosco.

desabrochar *(Léx).* Soltar o abrir los broches, corchetes o botones de una prenda o una cosa que estaba cerrada. Desabotonar. *P. ej. "Ya puedes **desabrocharte** la bata."*

desacato *(Léx.)* Falta de respeto y consideración hacia una persona o una institución. // *(Léx.)* Desobedecer a una autoridad.

desaconsejar *(Léx.)* Aconsejar a alguien que realice lo contrario de lo que pensaba hacer.

desacreditar *(Léx.)* Quitar valor a una cosa o persona. Desprestigiar. Calumniar.

desacuerdo *(Léx.)* Tener distinta opinión de un mismo hecho. Disconformidad. *P. ej. "Los jueces estaban en* **desacuerdo** *sobre el veredicto."*

desafecto *(Léx.)* Falta de estima hacia una casa o persona. // *(Léx.)* Demostración de indiferencia hacia una persona.

desafiar *(Léx.)* Provocar o retar a un contrincante para que compita con nosotros.

desafinar *(Mús.)* Acción por la que un instrumento musical o de la voz humana da una nota que no es la que se deseaba, o la que figura escrita en la partitura, produciendo un sonido desagradable al oído o, simplemente, no previsto por el compositor.

desafío *(Léx.)* Acto por el que se reta a alguien a combatir con las armas u otros medios competitivos. *P. ej., un* **desafío** *deportivo.* // *(Hist.)* Documento escrito o recado verbal mediante el cual, los reyes de Aragón, durante la Edad media, comunicaban a un caballero o ricohombre, los motivos por los que se creían obligados a desafiarle y en qué condiciones.

desaforado *(Léx.)* Excesivo, exagerado, sin medida.

desafuero *(Léx.)* Acto violento contra la ley y, en general, acción contraria a las buenas costumbres y a la sana razón.

desagravio *(Léx.)* Reparación de un daño causado. Indemnización. Compensación del perjuicio que uno ha hecho a una persona, mediante el ofrecimiento de algo a cambio.

desagüe *(Léx.)* Canal o cañería por donde sale el agua contenida en un recipiente // *(Léx.)* Acción y efecto de sacar agua de un sitio hasta que quede totalmente seco. // *(Geol.)* Parte del curso de un torrente en que predomina el arrastre y aporte de materiales más que la erosión.

DESAGÜE DE UN TEJADO

desaguisado *(Léx.)* Hecho o acción que se realiza en contra de la ley o de la razón.

desahogar *(Léx.)* Expresar libremente un sentimiento. *P. ej. "Vino a verme para* **desahogar** *sus penas."*

desahucio *(Léx.)* Acción de expulsar de una casa a sus inquilinos o arrendatarios. // *(Léx.)* Diagnóstico médico por el que se indica que un enfermo no tiene cura.

desairado *(Léx.)* Despreciado, desdeñado. *P. ej. "El pretendiente se fue* **desairado."**

desajuste *(Léx.)* Efecto de separar una cosa de otra; desunión; hecho por el que una cosa no encaja en el lugar donde se ha colocado.

desalar *(Léx.)* Quitar la sal. *P. ej., "para cocinar el bacalao es necesario* **desalarlo** *primero, metiéndolo en remojo.*

desaliento *(Léx.)* No tener el suficiente ánimo para realizar cosa alguna. Desánimo.

desaliño *(Léx.)* Descuido, desarreglo.

desalmado *(Léx.)* Persona que no tiene sentimientos ni compasión hacia los demás. Sin conciencia. Inhumano, cruel, despiadado.

desalojar *(Léx.)* Abandonar u obligar a abandonar un local por la fuerza.

desamarrar *(Léx.)* Acción de quitar las amarras de una embarcación. // *(Léx.)* Dejar de asir, desviar o apartar alguna cosa.

desamor *(Léx.)* Sentimiento de indiferencia hacia otras personas. Falta de afecto o de amor. Odio. Enemistad.

desamortización *(Léx.)* Acción de poner en venta los bienes y tierras que no se cultivan y que, por tanto, no producen ningún beneficio a la comunidad. Generalmente dichos bienes pertenecían a la Iglesia o a las comunidades religiosas.
La Historia de España conoció una gran etapa desamortizadora, por iniciativa del ministro Mendizábal, entre 1835 y 1837. Consistió en poner a la venta una gran parte de las propiedades y tierras de cultivo del clero y de los ayuntamientos, que no se explotaban, para que los nuevos propietarios les sacasen un mayor rendimiento. Si bien este objetivo no se consiguió plenamente, sirvió de punto de partida para un primer intento de modernización de la agricultura española.

desamparo *(Léx.)* Falta de protección. Abandono de un lugar o de una persona. *P. ej. "El huérfano se hallaba en el más completo desamparo."*

desancorar *(Léx.)* Levantar las áncoras o anclas de una embarcación que la aferran al fondo del mar.

desandar *(Léx.)* Volver atrás en el camino que ya se había hecho; retroceder en el camino andado.

desangrar *(Fisiol.)* Sacar sangre de una persona o de una animal. // *(Fisiol.) desangrarse* Perder mucha sangre a consecuencia de una herida profunda y grave.

desánimo *(Léx.)* Falta de ánimo. Desaliento. Abatimiento. // *(Léx.)* No tener ganas de hacer nada. Perder la ilusión.

desapacible *(Léx.)* Cosa que causa disgusto o que es desagradable a los sentidos. *P. ej. "El tiempo es muy desapacible."*

desaparecer *(Léx.)* Ocultarse o dejar de ser visible. *P. ej. El Sol desaparece detrás de las montañas.* // *(Léx.)* Dejar de existir. *P. ej. Algunas especies de animales acabarán por desaparecer.*

desapercibido *(Léx.)* Que nadie se da cuenta de que existe o que está presente. Inadvertido. // *(Léx.)* Desprevenido o que no había estado anunciado o advertido.

desaprensión *(Léx.)* No tener aprensión; hacer una determinada cosa sin ningún tipo de recelo. // *(Léx.)* Hacer algo sin miramientos.

desaprobar *(Léx.)* Estar en desacuerdo sobre algún punto o problema. Oponerse a alguna cosa como *p. ej., desaprobar un proyecto.* // *(Léx.)* Encontrar algo mal hecho.

desaprovechar *(Léx.)* Dejar pasar la oportunidad de conseguir algo favorable. // *(Léx.)* No sacar provecho de alguna cosa.

desarbolado *(Léx.)* Dícese del árbol que está roto o tronchado y, en especial, del velero al que le han derribado los palos o arboladura.

VELERO DESARBOLADO

desarme *(Léx.)* Reducción o supresión de las fuerzas militares y de las armas en un país. // *(Léx.)* Desmontaje de las piezas de un artefacto o de un aparato.

desarraigar *(Léc.)* Arrancar de raíz un árbol o planta. // *(Léx.)* Apartar de uno una mala pasión o vicio. // *(Léx.)* Separar a uno de su ambiente.

desarrollo *(Léx.)* Crecimiento de un organismo o de una sociedad. // *(Léx.)* Progreso de la economía de un país o de una empresa. // *(Léx.)* Conjunto de operaciones matemáticas que se llevan a cabo ordenadamente para obtener un resultado. *P. ej., el **desarrollo** de un problema es el total de las operaciones necesarias para encontrar la respuesta.* // *(Biol.)* Período del ciclo biológico de cualquier organismo desde el momento de su fecundación hasta que alcanza su estado adulto. *P. ej. "El **desarrollo** del ser humano abarca un período de unos 25 años."*

desarticular *(Léx.)* Separar dos huesos articulados entre sí. // *(Léx.)* Separar las piezas de una máquina; desarmarla.

desasosiego *(Léx.)* No tener quietud o serenidad. Carencia de sosiego.

desastre *(Léx.)* Catástrofe, desgracia o calamidad. // *(Léx.)* En sentido figurado, se aplica a las cosas mal hechas, de mala calidad o a un mal resultado, etc.
La historia registra grandes desastres, algunos debidos a fenómenos naturales y otros, por desgracia, provocados por el hombre. De entre los desastres naturales (terremotos, grandes huracanes, erupciones volcánicas, inundaciones, etc.) se han hecho célebres la erupción del Vesubio del año 79 de nuestra era, que sepultó las ciudades romanas de Pompeya y Herculano y el terremoto de San Francisco (California) del año 1906. Pero el desastre que mayor número de víctimas ha provocado hasta hoy, fue el terremoto de Shensi (China) en 1556, con 800.000 muertos.

desatar *(Léx.)* Desabrochar o soltar aquello que estaba atado. *P. ej. "**Desátate** los zapatos."* // *(Léx).* Desencadenarse una fuerza física o moral, como *p. ej., una tormenta.*

desatascar *(Léx.)* Sacar de un conducto o cañería todo aquello que impide que un fluido circule por él sin dificultad. *P. ej. **Desatascar** la cañería del lavadero para que pase el agua.*

desatender *(Léx.)* No prestar atención o no hacer caso de una persona o cosa. Menospreciar. // *(Léx.)* No cumplir con las obligaciones o el trabajo.

desatino *(Léx.)* Disparate. Error o fallo. Equívoco. *P. ej. "Suspendió el examen porque puso en él una serie de **desatinos** increíbles."*

desautorizar *(Léx.)* Quitar autoridad a una persona, o privarla del crédito o estima que se le tenía.

desayuno *(Léx.)* Primera comida que se toma por la mañana.

DESASTRE NATURAL: HURACÁN

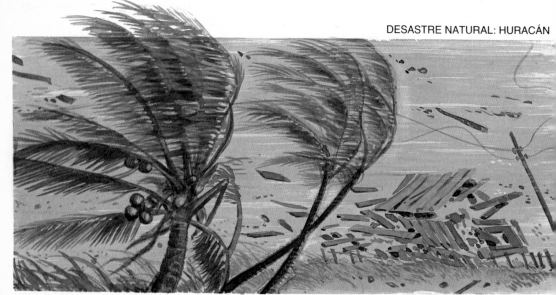

desbaratar *(Léx.)* Destruir o descomponer una cosa. // *(Léx.)* Frustrar, impedir o estorbar algún hecho inmaterial. *P. ej. "Con su actuación consiguió desbaratar los planes de sus adversarios."*

desbloquear *(Léx.)* Levantar el bloqueo o asedio ejercido sobre una plaza o cosa.

desbordar *(Léx.)* Sobrepasar un líquido los bordes de su cauce o del recipiente que lo contiene. // *(Léx.)* Exaltarse, apasionarse en exceso.

descalabro *(Léx.)* Contratiempo o fracaso. // *(Léx.)* Derrota en una guerra. // *(Fisiol.)* Herida leve en la cabeza o en otra parte del cuerpo.

descalcificación *(Fisiol.)* Disminución del calcio de los huesos y de otros tejidos. Los huesos están formados por una sustancia orgánica llamada osteína y una serie de sustancias minerales entre las que se encuentra una elevada proporción de calcio. Estas últimas son las que les dan dureza y consistencia al hueso. La proporción de sales aumenta con la edad; por eso los huesos de los jóvenes son más flexibles y rara vez se rompen, mientras que en la vejez, las fracturas son más frecuentes.

descalzar *(Léx.)* Quitar los zapatos u otro tipo de calzado.

descamación *(Fisiol.)* Caída, en forma de pequeñas escamas, de las células más superficiales de la piel.

descamisado *(Léx.)* El que va sin camisa. // *(Hist.)* Nombre que, en Argentina, se daba a los seguidores del movimiento de tipo sindicalista del general Perón.

descampado *(Léx.)* Terreno abierto, libre de obstáculos, malezas y bosque.

descanso *(Léx.)* Dejar de trabajar durante un rato de tiempo más o menos largo. // *(Léx.)* Hacer un alto en el camino para reponer las fuerzas. Dormir. // *(Dep.)* Pausa entre las dos partes de un partido de fútbol, baloncesto, etc. // *(Léx.)* Pausa que se hace entre dos actos de una obra de teatro.

descarado *(Léx.)* Se denomina así a la persona que no tiene respeto a los demás y les planta cara. // *(Léx.)* Desvergonzado; mal educado.

descarga *(Léx.)* Acción y efecto de descargar o sacar objetos de un sitio, para aliviar su peso. // *(Léx.)* Disparos con arma de fuego que se hacen todos a la vez.

descarga eléctrica *(Fís.)* Acción por la cual un cuerpo que contiene una carga eléctrica la pierde lenta o bruscamente. Chispa que se produce en las descargas instantáneas.

DESASTRE NATURAL: TERREMOTO

descarnado *(Léx.)* Que tiene la carne separada de los huesos. // *(Léx.)* El que está desnudo, enseñando las carnes o que está falto de ellas.

DESCARRILAMIENTO

descarrilamiento *(Léx.)* Accidente que se produce cuando un vehículo ferroviario se sale del carril por donde circula. Puede ser debido a diversas circunstancias: vía en malas condiciones, piedras, etc. *P. ej. "El **descarrilamiento** del tren no ha producido muchos heridos graves."*

RENE
DESCARTES

Descartes, René *(Hist.)* Importante filósofo y matemático francés (1596-1650), al que se debe la invención de la geometría analítica y fundador de una escuela filosófica basada en la llamada duda metódica.

Descartes propugna que, para llegar a la verdad debe dudarse de todo. Sin embargo, no podía dudar de su propio pensamiento, de su existencia, lo que le hizo decir "pienso, luego existo".

descascarillar *(Léx.)* Quitar la cascarilla a los granos. *P. ej., **descascarillar** el arroz.*

descastado *(Léx.)* Persona que siente poco afecto hacia sus·familiares.

descendencia *(Léx.)* Conjunto de personas que descienden de una misma familia. Dicho conjunto estaría formado por un matrimonio, sus hijos, los hijos de sus hijos, etc. Linaje, casta o estirpe.

descender *(Léx.)* Bajar. *P. ej. **Descender** por la escalera.* // *(Léx.)* Poner alguna cosa en un lugar que se encuentre a un nivel más bajo del que ocupaba anteriormente. // *(Léx.)* Pasar a ocupar un cargo profesional de menor categoría que el anterior. // *(Léx.)* Proceder de una familia o de un pueblo determinado. *P. ej. **Desciende** de una familia de políticos.*

descendimiento *(Léx.)* Acción de descender. // *(Arte)* Representación, en pintura o escultura, de Cristo siendo descendido de la cruz. *P. ej., es célebre el **Descendimiento** del artista flamenco van der Weyden, del museo del Prado, en Madrid.*

descenso *(Léx.)* Bajada. Acción de descender. // *(Dep.)* Prueba olímpica de esquí alpino consistente en bajar, deslizándose con los esquís, una montaña cubierta de nieve, con la mayor velocidad posible. Gana el más rápido.

Las primeras pruebas de descenso se organizaron en Australia hacia 1850, aunque lo cierto es que el origen de las competiciones de esquí está en los países nórdicos europeos. En concreto, en las competiciones de Holmenkollen, que se llevaron a cabo por vez primera en 1866.

En las pruebas de descenso, los esquiadores llegan a alcanzar velocidades punta que sobrepasan los 200 km por hora y velocidades medias superiores a los 104 km por hora.

En otro tipo de descensos, también se han conseguido marcas importantes. Por ejemplo, en el descenso al fondo de los mares:

ESQUÍ:
DESCENSO
ALPINO

en la modalidad de "pulmón libre", o sea, contenido la respiración, Jacques Mayol consiguió bajar a 105 m en diciembre de 1983.

descentrado *(Léx.)* Dícese del instrumento o de la pieza de una máquina cuyo centro geométrico se halla desplazado de la posición que debería ocupar.

descentralización *(Soc.)* Repartir por todo el país las organizaciones administrativas y políticas que en un principio se encontraban en un solo punto o ciudad, generalmente la capital del estado. Dichas organizaciones se situarían en centros locales y regionales, dándoles así una cierta libertad o autonomía. *P. ej., en el Estado español el poder administrativo no está depositado exclusivamente en el gobierno central de Madrid, sino repartido en los diferentes entes autonómicos.*

descerrajar *(Léx.)* Hacer saltar la cerradura de una puerta, cofre, etc. // *(Léx.)* Disparar un tiro. *P. ej. "Le descerrajó un tiro."*

descifrar *(Léx.)* Leer e interpretar alguna cosa que está escrita en cifra o en clave. *P. ej., descifrar un jeroglífico.*

desclavar *(Léx.)* Arrancar, quitar los clavos. // *(Léx.)* Desprenderse una cosa del clavo que la sostenía.

descolgar *(Léx.)* Bajar lentamente algo que cuelga de una cuerda o de un clavo. *P. ej. "Tenemos que descolgar el cuadro del comedor." // (Léx.)* Coger el teléfono para poder hablar por él.

descolocado *(Léx.)* Sin colocación fija. // *(Dep.)* Dícese del jugador que no ocupa la posición idónea para seguir la jugada que practica su equipo en un momento dado.

descolonización *(Hist.)* Proceso político por el que las potencias coloniales, en el s. XX, han concedido la independencia a los territorios que habían colonizado.

descolorido *(Léx.)* Falto o desprovisto de color. // *(Léx.)* Dícese de lo que es de color pálido, sin brillo o sin viveza.

descompasado *(Léx.)* Dícese de quien ha perdido el compás en la música o de quien se excede en la medida o proporción al realizar algún acto.

descompensación *(Fisiol.)* Pérdida de la compensación cardíaca, debida, p. ej., a alguna irregularidad en las válvulas del corazón.

descomponer *(Léx.)* Separar las diversas partes de que está formada una cosa. // *(Léx.)* Desbaratar aquello que estaba ordenado.

descomunal *(Léx.)* Exagerado, enorme, extraordinario.

desconcierto *(Léx.)* Todo aquello que está desordenado y confuso.

desconchón *(Léx.)* Parte de una pared o de una vasija de porcelana que ha perdido su revestimiento, debido a un golpe o al efecto de la humedad. *P. ej. "Este plato tiene un buen desconchón."*

desconectar *(Léx.)* Cortar o interrumpir una conexión, generalmente eléctrica.

desconfiar *(Léx.)* Perder la confianza en alguien o en algo.

desconocer *(Léx.)* No conocer o ignorar. *P. ej. "Desconocía este libro." // (Léx.)* No reconocer a una persona o cosa por estar ésta muy cambiada.

desconsiderado *(Léx.)* Que no tiene ninguna consideración o respeto hacia los demás. Persona a la que no importan, en absoluto, sus semejantes.

desconsuelo *(Léx.)* Estado anímico provocado por la angustia o disgusto que produce la falta de consuelo en una desgracia.

descontar *(Mat.)* Rebajar una cantidad de una suma o total. *P. ej. "Hágame un 10 % de* **descuento***".* El 10 % de 100 ptas. serían 10, por tanto en este caso sólo pagaríamos 90 ptas. porque $100 - 10 = 90$ ptas. // *(Mat.)* Pagar una letra bancaria antes del tiempo convenido para que así se le rebaje el dinero que corresponde a los intereses de la cantidad anticipada.

descontento *(Léx.)* Disgusto o desagrado que produce una cosa o un suceso.

descontrolar *(Léx.)* Hacer que uno pierda el control de lo que está haciendo. // *(Léx.)* Perder el control de un vehículo.

descorazonar *(Léx.)* Hacer que uno pierda el ánimo, que se acobarde en lo que ha emprendido e incluso antes de haberlo emprendido o empezado.

descorchar *(Léx.)* Arrancar el corcho del alcornoque, que es el árbol de donde se extrae. // *(Léx.)* Quitar el tapón (generalmente de corcho) de una botella.

descorrer *(Léx.)* Volver a correr el espacio que ya se había corrido. *P. ej.,* **descorrer** *una cortina;* **descorrer** *un cerrojo.*

descortesía *(Léx.)* Falta de cortesía, de respeto y atención. Desatención, desconsideración.

descoser *(Léx.)* Deshacer las puntadas de lo que estaba cosido. // *(Léx.)* En sentido figurado, hablar de lo que convenía callar.

descoyuntar *(Léx.)* Desencajar los huesos de sus articulaciones. // *(Léx.)* En sentido figurado, aburrir a uno con pesadeces. *P. ej. "Con sus relatos podía* **descoyuntar** *a cualquiera".*

describir *(Léx.)* Explicar una cosa tal como es, sin olvidarse de nada, utilizando el lenguaje, tanto oral como escrito.

descuartizar *(Léx.)* Dividir un cuerpo en trozos. *P. ej.* **Descuartizaron** *el pollo para poderlo guisar.*

descubrir *(Léx.)* Encontrar alguna cosa de la cual no se sabía su existencia. Inventar. Hallar.

descuido *(Léx.)* Olvido o distracción. Falta de cuidado. *P. ej. "En un* **descuido,** *te has vuelto a dejar el desayuno esta mañana."*

desde *(Leng.)* Preposición que indica al inicio de algo en el tiempo o en espacio. *P. ej.,* **desde** *ahora;* **desde** *allí.*

desdén *(Léx.)* Menosprecio o indiferencia hacia una persona o cosa. Desprecio.

desdentado *(Léx.)* Que no tiene dientes. // *(Zoo.)* Se denomina así al animal mamífero que no tienen dientes incisivos, pero sí garras muy largas y curvadas que utiliza para cavar. *P. ej., el oso hormiguero es un* **desdentado.**

El oso hormiguero no tiene dientes. Abre los hormigueros y los nidos de las termitas con sus garras y luego introduce en ellos su larga lengua (unos 50 cms. de longitud) con la que captura hasta 500 termitas que traga de una sola vez.

DESDENTADO: OSO HORMIGUERO

desdeñar *(Léx.)* Tratar a alguien o juzgar una cosa con desdén. // *(Léx.)* Tener una cosa por indigna; tener a menos.

desdibujado *(Léx.)* Dibujado defectuosamente o con poca definición. // *(Léx.)* Dícese de la cosa mal conformada y poco precisa.

desdicha *(Léx.)* Calamidad, desastre, desdicha. // *(Léx.)* También tiene el sentido de gran miseria, necesidad extrema, etc. *P. ej., vivir en la* **desdicha,** *significa vivir en la indigencia; ser muy pobre.*

desdoblar *(Léx.)* Volver a extender lo que estaba doblado o plegado. Alisar. // *(Quím.)* Separar los elementos que formaban un compuesto para crear otro.

desear *(Léx.)* Querer algo muy intensamente. *p. ej.,* **desear** *la felicidad.*

desecar *(Léx.)* Extraer el agua o cualquier otro líquido de un pantano, río o recipiente, hasta dejarlo seco completamente.

desecho *(Léx.)* Material que sobra después de haber escogido lo mejor. Resto.

desembalar *(Léx.)* Desempaquetar. Sacar los papeles y cajas que cubren un objeto, cuando éste ha sido transportado de un lugar a otro. *P. ej.,* **desembalar** *los muebles en una mudanza.*

desembarco *(Léx.)* Salir de una embarcación o de cualquier otro vehículo. // *(Soc.)* Operación militar que consiste en hacer salir en masa a los marineros que se encuentran en el interior de las embarcaciones.

El desembarco de Normandía, que tuvo lugar el día 6 de junio de 1944, durante la 2.ª Guerra Mundial, fue uno de los hechos más destacados de esta contienda y contribuyó decisivamente a la victoria de los aliados. En el transcurso del mismo se instalaron puertos artificiales y un oleoducto bajo el canal de la Mancha, para el abastecimiento de gasolina.

MANIOBRA DE DESEMBARCO

desembocadura *(Geog.)* Lugar por donde un río vierte sus aguas a otro o al mar. *P. ej. El río Tajo tiene su* **desembocadura** *en la ciudad de Lisboa, donde sus aguas se vierten en el Océano Atlántico.*

DESEMBOCADURA

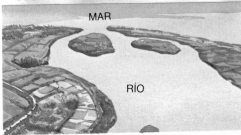
MAR
RÍO

AFLUENTE
RÍO

desembolso *(Léx.)* Pagar o entregar una cantidad de dinero. Gasto.

desembragar *(Léx.)* Separar dos ejes que rodaban juntos gracias a un mecanismo de embrague, para que puedan girar independientemente o frenar uno mientras el otro sigue girando.

desempeñar *(Léx.)* Recuperar lo que estaba en poder de otro, pagando la cantidad que se recibió al entregarlo, más los intereses convenidos. // *(Léx.)* Hacer aquello a lo que uno se ha comprometido.

desencajar *(Léx.)* Sacar alguna cosa de un sitio donde encaja. // *(Léx.)* Transformar el rostro por haber recibido una noticia desagradable. // *(Fisiol.)* Dislocar o sacar los huesos de sitio.

desencanto *(Léx.)* Decepción, desengaño o desilusión.

desenfado *(Léx.)* Modo de actuar desenvuelto y sin prejuicios. Desparpajo. Descaro. Atrevimiento.

desenfoque *(Fís.)* Falta de enfoque o nitidez en una imagen, debido a defectos de una lente o a su posición con respecto de su distancia focal.

desengaño *(Léx.)* Decepción que una persona se lleva cuando se da cuenta de un error cometido en la valoración de algo o alguien.

desengrasar *(Léx.)* Eliminar la grasa de un objeto a mecanismo.

desenlace *(Léx.)* Solución final de un suceso, de una obra de teatro, de una película, de una novela, etc.
Las obras de teatro clásico debían dividirse forzosamente en tres partes. La primera ''planteamiento'' presentaba los personas y el tema de la obra, la segunda ''nudo'', era la parte esencial de la representación y la tercera o ''desenlace'', explicaba el final de la historia.

desenmascarar *(Léx.)* Quitar una máscara. // *(Léx.)* Simbólicamente, dar a conocer la auténtica personalidad de alguien; su moralidad y todo aquello que pretende ocultar de sí mismo.

desenvainar *(Léx.)* Sacar un arma de su vaina o funda. Se refiere, generalmente, a una espada.

desenvoltura *(Léx.)* Desenfado. Cualidad propia de las personas decididas que no sienten vergüenza o temor al hacer cualquier cosa, como hablar en público, actuar en un teatro, bailar, etc.

deseo *(Léx.)* Aquello que se quiere conseguir por encima de muchas otras cosas.

desertor *(Léx.)* Persona que abandona su puesto como soldado, desobedeciendo a sus superiores y a las órdenes militares a las que se halla sujeto.

desesperación *(Léx.)* Tristeza y abatimiento del ánimo debido a la pérdida de toda esperanza.

desfachatez *(Léx.)* Descaro. Desvergüenza.

desfalco *(Léx.)* Apropiación de los bienes que se tienen bajo vigilancia. Estafa.

desfallecer *(Léx.)* Debilitarse, quedarse sin fuerzas. // *(Fisiol.)* Desmayarse o quedarse sin sentido.

desfigurar *(Léx.)* Cambiar o transformar el rostro o el cuerpo de alguna persona. // *(Léx.)* Contar algún suceso alterando los hechos, de manera que apenas se parezca a la realidad.

DESFILADERO

desfiladero *(Geog.)* Paso estrecho situado entre montañas.

En España tenemos grandes y hermosos desfiladeros. Destaca el de Despeñaperros, en Sierra Morena, que comunica Castilla con Andalucía. Es un enorme tajo entre altos y bellos picachos cuya importancia estratégica se puso de manifiesto, sobre todo, durante la Reconquista y la Guerra de la Independencia.

desfilar *(Léx.)* Pasar un conjunto de personas ordenadamente o en fila. Frecuentemente se refiere a la tropa en formación delante de una autoridad. *P. ej., "Las majoretes desfilaron por la calle Mayor."*

DESFILE DE
MAJORETTES

desfogar *(Léx.)* Manifestarse con gran vehemencia. // *(Léx.)* Dar rienda suelta al caballo para que corra y se agite cuanto quiera.

desgarbado *(Léx.)* Dícese del que es soso, el que carece de donaire o que viste sin elegancia.

desgarro *(Fisiol.)* Rotura de un músculo.

desgaste *(Léx.)* Deterioro o empeoramiento progresivo de un objeto, casa, etc.

desglosar *(Léx.)* Apartar unos temas de otros. // *(Léx.)* Separar un escrito (generalmente un documento) de otros.

desgracia *(Léx.)* Acontecimiento adverso y triste. Catástrofe.

desgravar *(Léx.)* Rebajar el importe de un gravamen o impuesto. *P. ej., algunas cargas familiares pueden desgravar el impuesto sobre la renta de las personas físicas.*

deshabitado *(Léx.)* Dícese del edificio, lugar o paraje que no tiene habitantes, habiéndolos tenido.

deshacer *(Léx.)* Destruir todo aquello que ya se había hecho.

desharrapado *(Léx.)* Persona que va vestida con ropas usadas y sucias; que no tiene trabajo, ni dinero para subsistir. Harapiento. Indigente.

desheredar *(Léx.)* Privar a una persona de la herencia que le correspondía.

deshidratar *(Fís.)* Separar el agua de un compuesto que la contenía. // *(Fisiol.)* Eliminar el agua que contienen los tejidos animales o vegetales.

deshielo *(Léx.)* Fenómeno que se produce en las zonas altas de las montañas, durante la primavera, al derretirse y romperse el hielo que las cubría en el invierno.

deshinchar *(Léx.)* Reducir una inchazón. // *(Fís.)* Dejar salir el gas contenido en un objeto neumático al que da forma. *P. ej., deshinchar un globo.*

deshojar *(Léx.)* Quitar las hojas de un árbol, de una planta, o despojar de pétalos una flor. // *(Léx.)* Arrancar las hojas de un libro.

deshollinador *(Léx.)* Persona cuyo trabajo consiste en sacar el hollín que se forma en las chimeneas.

deshonesto *(Léx.)* Falto de honestidad; opuesto a las ideas que se han aceptado por buenas.

deshonor *(Léx.)* Pérdida del honor o del afecto que los demás sentían hacia una persona, la cual ya no será aceptada o bien vista por la sociedad.

desidia *(Léx.)* No tener ganas de realizar ninguna actividad. Pereza. Abandono.

desierto

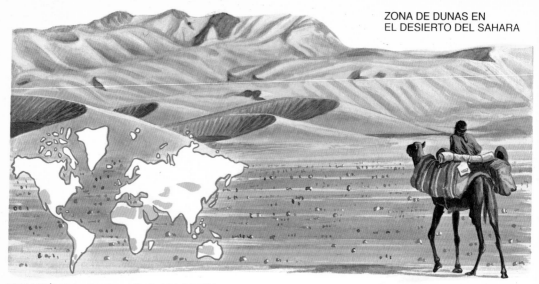

ZONA DE DUNAS EN
EL DESIERTO DEL SAHARA

SITUACIÓN DE LOS GRANDES DESIERTOS

desierto *(Geog.)* Zona arenosa, sin vegetación alguna, ni población, con temperaturas muy extremadas: durante el día mucho calor y por la noche excesivo frío. No hay agua (sólo en los oasis) ni llueve casi nunca. En ellos sólo pueden subsistir aquellos animales especialmente adaptados para resistir el calor. *P. ej. El desierto del Sahara, el de Kalahari. // (Léx.)* En general, cualquier paraje pobre en vegetación y malas condiciones climáticas para la vida del hombre.
El desierto del Sahara es el más grande del mundo (8.400.000 km^2). De día, la temperatura es tan alta que se alcanzan fácilmente los 45 °C.

desigualdad *(Léx.)* Que no tiene las mismas condiciones. // *(Geog.)* Montañas o hundimiento de un territorio. // *(Mat.)* Expresión matemática que indica la falta de igualdad entre dos cantidades.

desinencia *(Leng.)* Terminación de una palabra, con la cual se indica qué función gramatical tiene la misma dentro de la oración. *P. ej. ''La desinencia «er» nos indica que se trata de un infinitivo verbal: tener, saber, querer.''*

desinfectante *(Léx.)* Sustancia o producto que se utiliza para destruir los gérmenes nocivos que pueden causar enfermedades y dolencias.

desintegrar *(Léx.)* Separar todos los elementos que forman una cosa. Partir en trozos, destruir. // *(Quím.)* Transformación o cambio de forma espontánea del núcleo del átomo radioactivo, dando lugar a una radiación.

desinterés *(Léx.)* Falta de interés hacia algo o alguien.

desleal *(Léx.)* Que carece de lealtad hacia una idea, una cosa o una persona.

desleir *(Léx.)* Disolver un sólido en un cuerpo líquido.

desliz *(Léx.)* Desacierto, equivocación, falta.

deslucir *(Léx.)* Hacer perder a algo o a alguien su buena presencia.

deslumbrar *(Léx.)* Bloquear la vista, momentáneamente, por un exceso de luz.

desmán *(Léx.)* Desorden, exceso, acción injusta y violenta. // *(Zoo.)* **Desmán de los pirineos.** Pequeño mamífero excavador de la galerías subterráneas cuyo hocico forma una pequeña trompa. Es un insaciable devorador de insectos que suele vivir junto a los arroyos de alta montaña en los Pirineos y centro de España. Se le localiza, también, en los grandes ríos del E y S de Rusia.

DESMÁN DE LOS PIRINEOS

desmandar *(Léx.)* Faltar a la obediencia, a ciertas órdenes y mandatos.

desmantelar *(Léx.)* Hechar por tierra los muros de una fortificación; arruinarla. // *(Léx.)* Despojar de muebles un piso o vivienda. // *(Léx.)* Abandonar o desabrigar una casa, vaciarla de lo que contenía.

desmarcar *(Dep.)* Quedarse un jugador en el campo sin ningún contrario que le marque para impedirle un movimiento eficaz.

desmayo *(Léx.)* Desaliento, falta de fuerzas. // *(Fisiol.)* Síncope, pérdida del conocimiento. // *(Bot.)* Nombre que se da, también, al sauce conocido como sauce llorón. El desmayo se produce cuando no llega al cerebro suficiente cantidad de sangre. Cuando una persona pierde el sentido, cae; entonces, debido a la fuerza de gravedad, la sangre vuelve de inmediato al cerebro y se recupera la conciencia.

desmedido *(Léx.)* Excedido, fuera de sus límites. *P. ej., "La reacción ante la respuesta fue desmedida."*

desmemorizado *(Léx.)* Que no tiene memoria; que tiene dificultad para recordar.

desmentir *(Léx.)* Manifestar y demostrar la falsedad de una afirmación.

desmerecer *(Léx.)* No estar a la altura de las circunstancias perder méritos o valor. *P. ej. los zapatos desmerecen al traje.*

desmonte *(Léx.)* Obra de tierra que consiste en deshacer un terreno para construir un camino, carretera, canal, etc.

DESMONTE

desmoralizar *(Léx.)* Hacer que alguien pierda el buen estado de ánimo que poseía. *P. ej. "Las palabras de su director le desmoralizaron."*

desmoronar *(Léx.)* Deshacer algo en partículas muy pequeñas.

desnatar *(Léx.)* Quitar la nata a la leche, rebajando así el nivel de grasa.

desnivel *(Léx.)* Diferencia de altura entre dos puntos determinados.

desnudo *(Léx.)* sin vestido; con las carnes al descubierto. *(Léx.)* Lo que no tiene adornos. *(Léx.)* Dícese de todo aquello que se presenta como realmente es. *P. ej., "ofreció la verdad desnuda."* // *(Arte)* Representación pictórica o escultórica del cuerpo humano masculino o femenino, en busca de la belleza o de una emoción estética. El desnudo, como tema de arte, se remonta hasta los tiempos de la Prehistoria, en el paleolítico superior. De estas épocas remotas destacan las estatuillas llamadas "venus" de Lespugue y de Willendorf, representaciones muy estilizadas de un cuerpo de mujer. Pero fueron los grandes escultores de la Grecia clásica (sobre todo Praxíteles, en el s. IV a. C.) los que elevaron el desnudo a las más altas cimas de la belleza, ejemplo seguido muchos años después por los artistas del Renacimiento y del Barroco. Puede decirse que el desnudo ha estado presente en el arte de todos los tiempos.

desnutrición *(Fisiol.)* Debilidad del organismo a causa de falta de alimentos o debido a que el cuerpo no puede asimilarlos.

desobediencia *(Léx.)* Acción de no obedecer los mandatos de un superior.

desocupar *(Léx.)* Dejar libre un lugar.

desodorante *(Quím.)* Sustancia capaz de evitar los olores molestos o desagradables.

desollar *(Léx.)* Quitar la piel o pellejo de un animal.

desorbitar *(Léx.)* Hacer que una cosa se salga de su órbita. // *(Léx.)* En sentido figurado, exagerar la importancia de las cosas, materiales o inmateriales. *P. ej., "Era dado a **desorbitar** la utilidad de su invento."*

desorden *(Léx.)* Falta de organización y de orden.

desorientar *(Léx.)* Confundir a alguien en la dirección tomada. Turbar.

desosificación *(Fisiol.)* Proceso de descalcificación de los huesos.

desovar *(Biol.)* Depositar los huevos las hembras de reptiles, peces y anfibios.
Cuando la serpiente Pitón pone sus huevos, los reúne en un montón y los rodea con su cuerpo, hasta que sus hijas nacen unos 3 meses después. Además, cosa insólita en los reptiles, logra que la temperatura de su cuerpo se eleve para poder incubarlos. Sólo los abandona cuando va a buscar alimento.

PECES DESOVANDO

desoxidar *(Quím.)* Quitar el oxígeno a una sustancia química.

desoxirribonucleico *(Quím.)* Acido que forma el componente principal de los cromosomas y como tal, es el responsable del material de la herencia. Suele abreviarse A.D.N. o D.N.A.

despacio *(Léx.)* Lentamente, paso a paso. *P. ej. Pasearemos sin prisa, caminaremos **despacio.***

despacho *(Léx.)* Habitación o lugar para atender negocios, estudiar e, incluso, vender mercancías u objetos.

desparpajo *(Léx.)* Desenvoltura, gracejo.

desparramar *(Léx.)* Esparcir, extender lo que está próximo entre si. *P. ej. "Tenía los papeles, **desparramados** sobre la mesa."*

despavorido *(Léx.)* Aterrado, lleno de miedo o pavor.

despectivo *(Léx.)* Despreciativo; que no valora las cosas.

despecho *(Léx.)* Enfado e irritación que se siente después de sufrir un desengaño.

despedir *(Léx.)* Desprender alguna cosa. // *(Léx.)* Decir adiós a aquél que se aleja.

despegue *(Léx.)* Acción de separarse del suelo un avión, un helicóptero o un cohete. Generalmente, los aviones se elevan después de tomar velocidad en pista. Entonces levantan el morro y empiezan a volar.

DESPEGUE VERTICAL DE UN AVIÓN HARRIET

Sin embargo, existe otro tipo de avión cuyo despegue se realiza en vertical: es el Harriet Jum Jet que puede mantenerse suspendido en el aire y volar hacia atrás; pero su ventaja mayor es no necesitar pistas de aterrizaje o despegue, puesto que lo pueden hacer verticalmente.

DESPEGUE NORMAL
(AVIÓN DE COMBATE)

DESPERTADOR
MECANICO

DESPERTADOR
ELECTRONICO

despensa (Léx.) Lugar donde están guardados los alimentos de una casa.

despeñadero (Geog.) Precipicio, barranco, lugar o sitio elevado, con grandes peñascos escarpados, que parece a propósito para despeñar a alguien o despeñarse.

desperdicio (Léx.) Restos o residuos de aquello que no es aprovechable.

desperdigar (Léx.) Separar, desunir, esparcir cosas que estaban juntas o las partes de un todo. *P. ej. "El lobo **desperdigó** el rebaño."*

desperezarse (Léx.) Acción de estirarse para perder la pereza.

desperfecto (Léx.) Deterioro de poca importancia. // **(Léx.)** Defecto que desvirtúa la calidad y el valor de una cosa o que desmerece su buena presencia.

despersonalizar (Léx.) Hacer que una persona o cosa pierda aquellas cualidades que la distinguían de las demás.

despertador (Léx.) Reloj que suena para interrumpir el sueño a una hora previamente señalada. *P. ej. "Como el colegio empieza a las 9, pongo el **despertador** a las 8 menos cuarto.*

despiadado (Léx.) Dícese de la persona impía e inhumana, que obra sin piedad, o sea, sin que le importen los sentimientos y sufrimientos de los demás.

despierto (Léx.) Condición de la persona o ser que, una vez interrumpido el sueño, vuelve a ser consciente de sus actos. // **(Léx.)** Listo, sagaz, vivo.

despilfarro (Léx.) Gasto, generalmente de dinero, excesivo y sin justificación.

despiste (Léx.) Perder la orientación. // **(Léx.)** Figuradamente, distraerse en lo que se estaba haciendo.

desplante (Léx.) Palabra o acto descarado que se hace ante una persona o grupo de personas. // **(Léx.)** En tauromaquia, dar la espalda al toro.

despoblado (Léx.) Lugar que anteriormente había estado lleno de gente y que actualmente está sólo e inhabitado.

despojo (Léx.) Restos o sobras de algo. *P. ej. Con el **despojo** (vísceras) del pollo se hace caldo.*

desposar (Léx.) Unir en matrimonio a un hombre y una mujer.

desposorio (Léx.) Promesa mutua que se hacen un hombre y una mujer de contraer matrimonio.

Animales del mundo - III

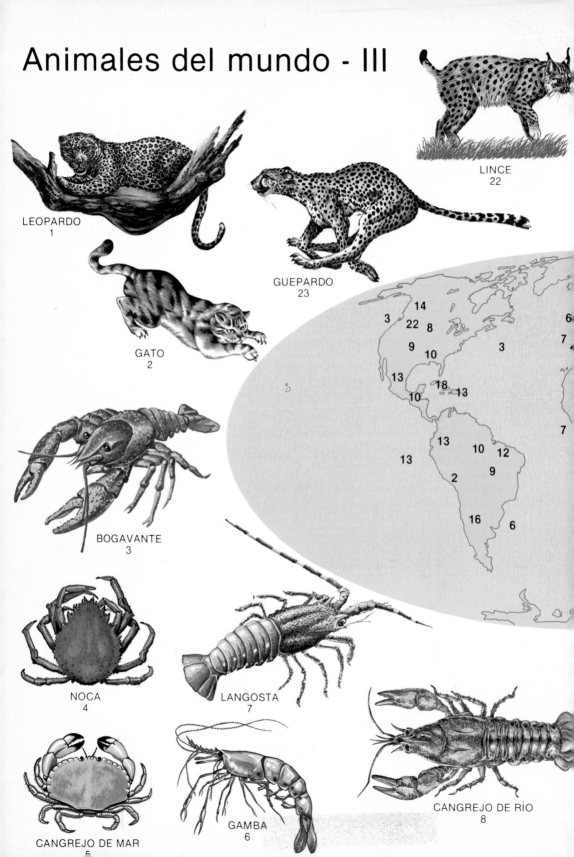

LINCE
22

LEOPARDO
1

GUEPARDO
23

GATO
2

14
3   22   8
9
10
13
18   13
10
3
13
10   12
9
13
2
16   6

6
7
3
7

7

BOGAVANTE
3

NOCA
4

LANGOSTA
7

CANGREJO DE RÍO
8

CANGREJO DE MAR
5

GAMBA
6

KOALA
21

JABALÍ
20

ÑU
19

JIRAFA
18

GACELA
17

LLAMA
16

GAMUZA
15

LAGARTO
14

COCODRILO
12

CAIMÁN
10

CAMALEÓN
11

IGUANA
13

LAGARTIJA
9